FACULTÉ DE DROIT DE PARIS

DES CONSTRUCTIONS

ÉLEVÉES

SUR LE TERRAIN D'AUTRUI

ET DES DROITS QUI EN NAISSENT

PAR

FÉLICIEN GRIVEL

AVOCAT A LA COUR D'APPEL

Lauréat de la Faculté de Droit de Paris. (Concours de licence 1867-1868
2e mention. — Droit romain.)

A chacun le sien.

PARIS
IMPRIMERIE DE E. DONNAUD
9, rue Cassette, 9.

1871

FACULTÉ DE DROIT DE PARIS

DES CONSTRUCTIONS

ÉLEVÉES

SUR LE TERRAIN D'AUTRUI

ET DES DROITS QUI EN NAISSENT

DANS LE DROIT ROMAIN

ET DANS LE DROIT FRANÇAIS

THÈSE POUR LE DOCTORAT, SOUTENUE LE 17 AOUT 1871, A MIDI

PAR

FÉLICIEN GRIVEL

AVOCAT A LA COUR D'APPEL

Lauréat de la Faculté de Droit de Paris. (Concours de licence 1867-1868
2e mention. — Droit romain.)

NÉ AU VALTIN (Vosges).

PRÉSIDENT : M. LABBÉ.

Suffragants : MM. VALETTE, ORTOLAN, DUVERGER, *Professeurs.* GLASSON, *Agrégé.*

PARIS

IMPRIMERIE DE E. DONNAUD

9, rue Cassette, 9.

1871

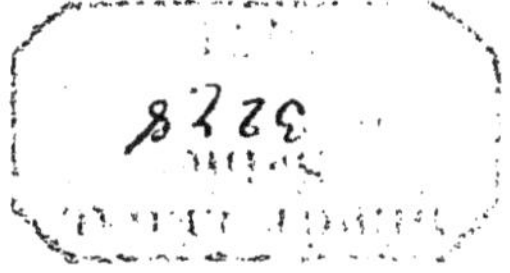

A MON PÈRE ET AU SOUVENIR DE MA MÈRE

AU SOUVENIR DE MES DEUX FRÈRES

A MA SŒUR ET A MON FRÈRE

(C)

DROIT ROMAIN.

TABLE DES MATIÈRES.

1° — PARTIE GÉNÉRALE.

2° — PARTIE SPÉCIALE.

DROIT ROMAIN.

1° — PARTIE GÉNÉRALE.

CHAPITRE PREMIER.

LE PROPRIÉTAIRE DU SOL EST PROPRIÉTAIRE DES CONSTRUCTIONS ÉLEVÉES SUR SON TERRAIN PAR AUTRUI.

Lorsque *Titius* construit sur le terrain de *Sempronius*, il faut d'abord se demander qui sera propriétaire de cette construction; sera-ce *Sempronius*, propriétaire du sol? Sera-ce au contraire celui qui a fourni les matériaux et la main-d'œuvre pour l'établissement de l'édifice, en d'autres termes le constructeur?

A cette question, tous les jurisconsultes romains répondent unanimement :

C'est le propriétaire du terrain qui est propriétaire des constructions qui y ont été élevées par autrui.

Nous ne citerons qu'un seul texte qui établit cette règle d'une manière bien nette, le 1er alinéa du § 30 des *Instit.* de Justinien, l. 2, t. I; il est ainsi conçu : « *Si quis in alieno solo sua materia domum ædificaverit, illius fit domus cujus et solum est.* »

Le principe est posé d'une manière absolue, sans aucune distinction; il en résultera :

1° Que le propriétaire du sol, sur lequel un tiers vient construire, est propriétaire de la construction, sans que le constructeur puisse prétendre même à aucun droit de copropriété sur l'édifice qu'il a établi à ses frais.

2° Que le propriétaire du terrain est propriétaire de la construction quel qu'en soit le constructeur, mandataire, gérant d'affaires, possesseur, etc.

Y a-t-il là quelque chose d'irrationnel ? Non, assurément.

D'abord, rien de plus naturel que le propriétaire du sol devienne propriétaire des édifices qu'y élève un entrepreneur, un *locator operis faciendi*, avec lequel il a fait marché, et qui s'est engagé à lui procurer son industrie et ses matériaux pour l'établissement de cet édifice. Le *locator* a eu l'intention de l'en rendre propriétaire; quel obstacle y aurait-il à ce que sa volonté soit exécutée ? C'est le cas de dire avec les *Institutes* : « *Nihil est tam conveniens naturali æquitati, quam voluntatem domini, volentis rem suam in alium transferre, ratam haberi.* »

Rien de plus naturel non plus que le mineur acquière la propriété des édifices que son tuteur a créés avec l'excédant de ses revenus.

Dans ces deux hypothèses, et dans les hypothèses analogues, où le constructeur a l'intention de transférer la propriété de la construction qu'il élève au propriétaire du sol, où il construit au nom et pour le compte de ce propriétaire, on ne comprendrait pas pourquoi ce dernier ne deviendrait pas propriétaire de l'édifice créé par autrui.

Il en est autrement lorsqu'une personne a construit sur un terrain qu'elle regardait comme sien, ayant de bonnes raisons de penser ainsi, qu'elle a construit pour elle et en son nom personnel, et non pour autrui, *tanquam in suo bona fide*.

De même lorsqu'une personne, sachant bien que le terrain qu'elle possède n'est point à elle mais à autrui, s'est néanmoins décidée à y élever un édifice dans son intérêt exclusif.

Dans l'un et l'autre cas, on concevrait parfaitement que le constructeur pût devenir propriétaire de l'édifice qu'il a élevé, à la charge bien entendu d'indemniser le propriétaire du terrain pour l'expropriation qu'il subirait, car, d'une part, le propriétaire du terrain a été complétement étranger à la construction; il n'a fourni ni matériaux ni main-d'œuvre; d'autre part, son terrain n'a peut-être qu'une très-faible valeur eu égard à la construction qui est très-importante. Au surplus, le constructeur a eu l'intention de construire pour lui et pour lui seul, il a disposé la maison selon ses besoins et ses goûts; il n'a nullement entendu faire l'affaire d'autrui.

On pourrait admettre aussi un droit de copropriété dans la maison au profit du constructeur, proportionné aux sommes qu'il a dépensées en matériaux et en main-d'œuvre, considérées par rapport à la valeur du terrain sur lequel est établie la construction. Mais ni l'une ni l'autre de ces solutions n'a été admise par le législateur romain, et à bon droit, assurément. En effet, en attribuant au constructeur la propriété du terrain sur lequel repose la construction qu'il a créée, il eût violé ce principe que la propriété est chose sacrée, et qu'on ne peut en être dépouillé que dans un intérêt supérieur d'ordre public.

D'ailleurs, la copropriété avec le propriétaire du terrain eût amené des procès, qu'il est bon d'éviter.

On a fort bien considéré que la construction, étant devenue l'accessoire du sol, dont elle constitue une partie intégrante, et les matériaux ayant été en quelque sorte anéantis, la propriété de cette construction devait suivre le sort du sol, sur lequel elle repose, en vertu de la maxime « *accessorium sequitur principale.* »

Il importe peu pour l'application de notre règle que le constructeur ait employé dans la construction qu'il a élevée ses matériaux ou les matériaux d'autrui, et qu'il ait employé les matériaux d'autrui de bonne ou de mauvaise foi. Il est vrai que les textes qui établissent cette règle supposent que le constructeur a fait entrer dans l'édifice ses propres matériaux; mais ils n'ont statué que *de eo quod plerumque fit.* La solution donnée par les textes doit évidemment être donnée, quand le constructeur a employé des matériaux appartenant à autrui, car il est incontestable que le propriétaire des matériaux n'aura pas le droit de les revendiquer, qu'il ne pourra pas même agir *ad exhibendum* pour se les faire représenter, car la prohibition de la loi des Douze tables qui défend « *ne quis tignum alienum ædibus suis junctum eximere cogatur* » est absolue; il n'est fait dans cette loi aucune distinction sur le point de savoir à qui appartiennent les matériaux employés dans une construction, et par qui ils ont été employés ; il importe donc peu que ce soit par le propriétaire du terrain ou par un constructeur non propriétaire.

Il est bien entendu que le propriétaire des matériaux n'en sera point privé sans recevoir d'indemnité ; il s'adressera au constructeur, et intentera contre lui l'*actio de tigno juncto*. Tout se passera entre eux.

Notre principe « *omne quod inædificatur solo cedit* » s'appliquera également, que le propriétaire du terrain sache ou non que l'on construit sur son terrain, qu'il soit capable ou incapable : il n'est pas besoin en effet de la moindre manifestation de volonté de notre part pour acquérir la construction qui est élevée sur notre fonds. Ce n'est pas par notre fait que nous acquérons cet édifice, mais par la puissance d'attraction et d'assimilation de notre terrain qui l'acquiert en réalité pour nous.

Il sera [illegible]re vrai de dire que le propriétaire du sol d[illegible] propriétaire des constructions édifiées sur so[illegible] terrain par autrui, bien qu'il ait empêché l'exécution des travaux de construction ; sa prohibition ne peut pas faire que la construction ne soit devenue un accessoire du sol, auquel elle est attachée, et qu'elle n'en doive suivre le sort.

Il y a plus, le propriétaire du terrain sera propriétaire des constructions que son voisin y élève, nonobstant toute renonciation de sa part au bénéfice de la règle : *omne quod inædificatur solo cedit; jure civili* du moins, car, d'après le droit civil, le propriétaire du terrain est nécessairement propriétaire des constructions qui y sont élevées, attendu qu'il ne peut y avoir deux propriétaires distincts d'un sol construit, l'un du sol, et l'autre de la construction.

Toute renonciation au bénéfice de la règle : *omne quod inædificatur*, étant contraire à la loi, doit être considérée comme nulle et non avenue.

Il importera également peu que le constructeur prétende avoir voulu construire pour lui, et se refuse en conséquence à reconnaître comme propriétaire de la construction qu'il a édifiée le propriétaire du terrain : toute résistance de la part du constructeur pourra être vaincue par le propriétaire du sol.

Le propriétaire du sol, qui est propriétaire de la construction élevée sur son terrain par autrui, est-il propriétaire des matériaux qui sont entrés dans cette construction ?

Mais, dira-t-on, c'est là une question paradoxale. Il n'en est rien. On peut très-bien séparer par la pensée la construction et les matériaux qui ont été employés à la faire, reconnaître *Mævius* comme propriétaire des matériaux et *Titius* comme propriétaire de la construction. Cette question de la distinction de la propriété des matériaux employés dans une construction et de la propriété de cette construction elle-même n'a rien qui doive nous surprendre de la part de jurisconsultes aussi subtils que l'étaient les jurisconsultes romains.

Nous croyons devoir répondre qu'en principe le propriétaire du sol n'est point propriétaire des matériaux qui sont entrés dans la construction édifiée sur son terrain par autrui.

C'est la solution qui est donnée au second alinéa du § 30 du livre 2, t. I des *Institutes* de Justinien, à l'occasion du possesseur de bonne foi qui a élevé une construction. Ce texte nous dit en effet que le possesseur de mauvaise foi, quand il construit, perd la propriété des matériaux qu'il a employés dans sa construction, car il est réputé les avoir aliénés au profit du propriétaire du sol. Il en résulte bien que le possesseur de bonne foi n'est point réputé avoir aliéné les matériaux qu'il a fait entrer dans la construction, et que, par conséquent, il en est resté propriétaire à l'exclusion du propriétaire du sol.

Il est vrai que cette solution n'est point admise lorsqu'un possesseur de mauvaise foi a édifié sur le terrain d'autrui, d'après des textes nombreux, mais cette décision ne tire nullement à conséquence, car la fiction sur laquelle elle repose, fiction de donation au profit du propriétaire du terrain, est tout à fait contraire à la vérité des faits, parce que celui qui ne respecte pas la propriété d'autrui, le *prædo*, n'a certainement pas l'intention de faire une libéralité au propriétaire du terrain, et elle a dû être abandonnée à une certaine époque de la législation romaine, et remplacée par la fiction contraire « *nemo donare præsumitur* ». Nous trouvons en effet dans une constitution d'Antonin Caracalla la phrase suivante : « *materia ad pristinum dominum redit, sive bona fide sive mala ædificium exstructum sit, si non donandi animo ædificia alieno solo imposita sunt.* » Si le constructeur de mauvaise foi a le droit de revendiquer les matériaux qu'il a employés dans l'édifice qu'il a élevé, lorsqu'il n'est pas présumé en avoir fait donation, quand ces matériaux ont repris leur forme première, c'est évidemment qu'il en est resté propriétaire. Il reste donc acquis, comme un principe constant, qu'en thèse générale, à part l'hypothèse de la présomption de donation, le propriétaire du sol, propriétaire de la construction élevée par autrui sur son fonds, n'est point propriétaire des matériaux qui ont été employés dans cette construction, ces matériaux restant la propriété du constructeur qui a élevé la construction.

Au reste, il faut reconnaître que si le constructeur est resté propriétaire de ses matériaux, sa propriété est d'une application peu pratique. En principe, en effet, aussi longtemps que la construction reste debout, il n'a pas le droit de revendiquer ces matériaux : en effet : « *res exstinctæ vindicari non possunt* »; il n'a pas même le droit d'agir *ad exhibendum* pour les faire représenter, afin de pouvoir les revendiquer ensuite, car la loi des Douze tables, dans un intérêt public, qu'il est facile d'apprécier, « *ne urbs ruinis deformetur* » n'a pas voulu qu'une personne pût démolir un édifice, parce que cet édifice avait été élevé avec ses matériaux.

Le droit du constructeur sur les matériaux ne peut s'exercer, lorsque le propriétaire du terrain a fait valoir la règle « *omne quod inædificatur solo cedit* » que quand il se refuse à indemniser le constructeur en raison de ses travaux, ou que la maison vient à être détruite, avant qu'il ait été remboursé de ses impenses. Dans ces deux cas, en effet, il paraît hors de doute que tout constructeur, même de mauvaise foi, est en droit de revendiquer ses matériaux. C'est ce que décide notamment le 2° alinéa du § 30 des *Inst.*, l. 2, t. I à propos du constructeur de bonne foi ; c'est ce que décide en second lieu la constitution de Caracalla, dont nous venons de citer un fragment à l'égard de tous les constructeurs en général, qu'ils soient de bonne ou de mauvaise foi.

CHAPITRE II.

EXCEPTION A LA RÈGLE QUE LE PROPRIÉTAIRE DU SOL EST PROPRIÉTAIRE DES CONSTRUCTIONS ÉLEVÉES PAR AUTRUI SUR SON TERRAIN. DROIT DE SUPERFICIE.

Le principe que le propriétaire du sol est propriétaire des constructions élevées par autrui sur son terrain est absolu en droit civil ; il est d'ordre public. Le propriétaire du sol ne peut pas renoncer au bénéfice de ce principe au profit du constructeur, car, *jure civili*, *Sempronius* ne peut pas être propriétaire d'un terrain et *Titius* propriétaire de la construction élevée sur ce terrain. (Paul, l. 44, § 1, *in fine*. D. *de obl. et act.*) Ainsi, alors même que le maître d'un terrain permet à une autre personne d'y élever une construction qui lui appartiendra (*superficiem superficiarias ædes*), ce sera toujours au maître du sol que compétera la revendication (*actio in rem civilis*) et l'interdit *uti possidetis* pour la maison comme pour le sol. (Gaius, l. 2, D. *de superficiebus*.)

Le concessionnaire, qui aura bâti, ne pourra, selon le droit civil, qu'agir personnellement contre le concédant, comme locataire, par exemple, *ex conducto ;* et il obtiendra ainsi du concédant des dommages et intérêts, si le trouble vient de lui, ou la cession de ses actions et interdits, si le trouble vient d'un tiers. (Ulpien, l. 1, § 1 *de superficiebus*.)

Cette obligation pour le constructeur de s'adresser

au concédant, est assurément fort gênante ; d'autre part, ce principe qu'un édifice n'est pas une chose distincte du sol qui le supporte, et qu'il ne peut y avoir un propriétaire de l'édifice et un propriétaire du sol, distincts l'un de l'autre, est tout à fait attentatoire à la liberté des conventions.

Aussi, le préteur, fidèle aux idées de progrès, avait-il admis la décomposition de la propriété d'un fonds construit en deux propriétés séparées, et avait-il conféré au concessionnaire un droit analogue au droit de propriété ordinaire.

Ce droit de propriété, il l'avait armé d'une sorte d'interdit *uti possidetis,* soumis aux mêmes règles que l'interdit direct « *tuetur itaque pretor eûm qui superficiem petiit veluti uti possidetis interdicto.* » (L. 1, § 2, *de sup.*) De même, il accorde l'action en revendication utile en connaissance de cause, au constructeur qui a obtenu une concession à perpétuité ou au moins pour un temps assez long.

Il est bien entendu que le *superficiarius*, qui a ainsi même contre le propriétaire du sol, un interdit spécial, et une action réelle prétorienne peut, *a fortiori*, se faire donner une exception pour se défendre contre l'action réelle civile et l'interdit direct *uti possidetis*, qui en principe compètent à ce propriétaire pour l'édifice, comme pour le sol, même contre le concessionnaire de la superficie.

De ce que le superficiaire est assimilé par le préteur à un propriétaire et qu'il a, en réalité, la *propriété prétorienne* de la maison qu'il a édifiée, il en résulte notamment :

1° Qu'il peut transmettre son droit comme tout autre propriétaire ; ainsi il peut l'aliéner, soit à titre gratuit, soit à titre onéreux, soit par acte entre-vif, soit à cause de mort « *sed et tradi posse intelligendum est ut et legari et donari possit,* » nous dit la loi 1, § 7 ;

2° Qu'il peut exercer l'*actio communi dividundo* pour sortir d'indivision, s'il est copropriétaire de la maison avec d'autres ;

3° Qu'il peut démembrer son droit en le grevant d'un droit d'usufruit, d'usage, ou d'une servitude, par exemple, de la servitude *non altius tollendi* ou *tigni immittendi* ;

4° Qu'il peut l'hypothéquer.

Il est bien entendu que tous les droits qu'il conférera sur sa chose n'auront d'existence que d'après le droit prétorien, et qu'en conséquence, ils ne seront protégés que par des actions et des interdits utiles. (§ 9.)

CHAPITRE III.

SOUS QUELS RAPPORTS LE PROPRIÉTAIRE DU SOL EST PROPRIÉTAIRE DES CONSTRUCTIONS ÉLEVÉES PAR UN TIERS SUR SON FONDS.

Il est d'abord propriétaire en quelque sorte *invitus*, malgré lui ; il est de principe, en effet, du moins dans le droit civil, que le propriétaire du sol est nécessairement propriétaire des constructions qu'un tiers y élève ; en d'autres termes, il ne peut renoncer, au profit du constructeur, au bénéfice de l'acquisition de la propriété de la construction, *vi ac potestate soli* ; nonobstant toute renonciation, il reste néanmoins propriétaire de la construction, et propriétaire *ex jure quiritium* avec tous les avantages attachés à ce droit, notamment, il a l'action en revendication et l'interdit directs.

Mais, est-il propriétaire *invitus* sous un autre rapport, en ce sens que le constructeur est recevable à l'obliger à conserver malgré lui les constructions qu'il a élevées ? Nullement, en principe du moins. Il faut admettre qu'il a, en thèse générale, le droit de contraindre le constructeur à enlever ce qu'il a édifié.

D'abord, ce droit de destruction est conforme à l'équité : on comprend, en effet, qu'il n'est pas juste de grever ce propriétaire d'une dépense qu'il n'a pas voulu faire, et dont il n'entend pas profiter.

Il résulte, en second lieu, de nombreux textes, notamment du § 30, 3e alinéa des *Inst.* de Justinien, livre II, t. I, qui s'exprime ainsi : « *illud constat, si in possessione constituto ædificatore, soli dominus petat domum suam esse, nec solvat pretium materiæ et mercedes fabrorum, posse eum per exceptionem doli mali repelli, utique si bonæ fidei possessor fuerit qui ædificavit.* »

D'après ce texte et plusieurs autres qu'il est inutile de citer, trois conditions sont indispensables pour que le constructeur jouisse de l'exception de dol pour se faire rembourser ses impenses. Il faut : 1° qu'il soit en possession de la construction ; 2° qu'il soit de bonne foi ; 3° que le propriétaire du sol revendique son terrain tel qu'il se trouve, son terrain agrandi par les constructions nouvelles qui y ont été élevées, sans vouloir indemniser le constructeur. Il est donc incontestable que le constructeur n'a pas d'exception de dol, pour se faire indemniser, si le propriétaire du terrain « *non petat domum suam esse* », ne réclame pas la construction élevée sur son terrain. S'il ne peut contraindre le propriétaire du terrain à l'indemniser, c'est que ce dernier n'est point tenu de garder malgré lui des constructions qui ne lui conviennent peut-être pas ; en d'autres termes, il peut contraindre au moins indirectement le constructeur à enlever les matériaux qu'il a employés dans l'édifice.

Si ce droit de démolition est accordé au propriétaire du sol à l'encontre d'un possesseur de bonne foi, il est bien évident qu'il doit lui être donné, à plus forte raison, quand il est en présence d'un tiers en général qui a construit sur son terrain.

Il est possible que le constructeur éprouve un préjudice considérable s'il est contraint de démolir, mais qu'importe? le propriétaire du sol n'a rien à se reprocher. Il est tout à fait conforme aux idées romaines sur la propriété que le propriétaire du sol ne soit pas obligé de retenir une construction à l'exécution de laquelle il n'a pris aucune part, et qu'il puisse réclamer son terrain tel qu'il se trouvait avant la création de l'édifice, quelque préjudice qui puisse en résulter pour le constructeur.

En quoi consiste principalement son droit de propriété sur la construction? Il consiste surtout dans le droit qu'il a de prendre pour lui les travaux exécutés par le constructeur, quel qu'il soit, d'exercer sur la construction les différents actes de maître qui découlent du droit de propriété, en thèse générale, en d'autres termes dans la faculté d'empêcher le constructeur d'enlever les édifices qu'il a créés. Ainsi il peut dire au tiers constructeur : « Les constructions que vous avez faites sur mon terrain avec vos matériaux, m'appartiennent en vertu de la règle, *accessio cedat principali* ; j'entends les prendre pour moi, je vous interdis en conséquence d'y toucher. »

Si nonobstant cette prohibition le constructeur démolit, il devra être traité, en général, comme un tiers qui détruirait la maison d'autrui.

Il sera prudent pour lui d'exercer ce droit d'accession aussitôt que les constructions auront été élevées, car, on est obligé de reconnaître que le constructeur en général a le droit d'enlever ses matériaux avant toute réclamation de la part du propriétaire du terrain : en effet, le constructeur en général est resté propriétaire des matériaux ; pourquoi dès lors ne pourrait-il pas enlever ce qui lui appartient en remettant les choses dans leur ancien état ?

Le propriétaire du terrain n'ayant pas d'intérêt, lorsque son fonds est redevenu tel qu'il était avant la création de l'édifice, ne peut pas avoir d'action contre le constructeur.

C'est ce que dit, en termes très-positifs, la loi 12 D., l. 33, t. II. Elle est ainsi conçue : *heres in fundo cujus ususfructus legatus est, villam posuit, eam invito fructuario demolire non potest : sed si, antequam ususfructuarius prohibuerit, demolierit, impune facturum.* »

Cette décision nous semble devoir être généralisée, et appliquée en principe à tous les constructeurs.

2e — PARTIE SPÉCIALE.

CHAPITRE PREMIER.

DES CONSTRUCTIONS ÉLEVÉES PAR UN POSSESSEUR DE BONNE FOI.

Il s'agit par exemple d'un acheteur, qui a acquis de *Titius, per errorem*, le fonds qui, en réalité, appartenait à *Sempronius* ; il n'a rien à se reprocher, car *Titius* passait, aux yeux de tous, pour le propriétaire de ce fonds.

Ou bien c'est un donataire qui a reçu un terrain nu d'un incapable, croyant que le donateur avait parfaitement le droit de disposer de son bien.

Plus généralement, il s'agit d'une personne qui a acquis, *ex justa causa*, un fonds, *et bona fide*, ayant ce que nos anciens commentateurs ont appelé *conscientia illæsa quæsiti dominii*. Cette personne, qui croit être devenue propriétaire du terrain, se décide à y élever une construction. Le propriétaire véritable revendique son fonds *cum omni causâ*, avec la construction que ce possesseur y a élevée, quels moyens le constructeur aura-t-il pour se faire indemniser de ses impenses?

Deux hypothèses doivent être distinguées :

PREMIÈRE HYPOTHÈSE. — *Le possesseur de bonne foi possède.*

Tous les textes sont unanimes à lui accorder l'exception de dol. Il est bien vrai, dira-t-il au propriétaire du fonds devant le préteur, que vous êtes propriétaire de la construction que j'ai édifiée sur votre terrain avec mes matériaux, en vertu de votre droit d'accession, mais il serait souverainement injuste que vous deveniez propriétaire de cette construction que j'ai élevée à grands frais sans me rembourser un denier ; il y aurait dol de votre part à vouloir vous enrichir avec cette construction à mes dépens, car il n'est permis à personne de s'enrichir aux dépens d'autrui. Le préteur, trouvant la prétention du demandeur contraire à l'équité, accordera au défendeur l'exception de dol qu'il sollicite. Il délivrera au demandeur une formule ainsi conçue : « S'il est établi que *Titius* est propriétaire du *fonds Cornélien*, et qu'il n'y ait pas dol de la part de *Titius*, juge condamne le défendeur *Mævius* à délaisser l'héritage : si cela n'est pas établi, absous le défendeur. »

Quel sera l'effet de cette exception de dol insérée dans la formule ?

La loi 38 *de rei vindicat.* L. 6, t. I. D. répond à cette question. Elle indique parfaitement la mission délicate qui incombe au juge. Il doit se laisser guider par des considérations d'équité ; il doit bien examiner quelle est la situation respective des parties, surtout celle du demandeur : « *bonus judex*, est-il dit dans le premier alinéa, *varie ex personis causisque constituet* ».

En conséquence des différentes situations, dans lesquelles pourra se trouver le demandeur, le juge donnera des décisions diverses suivant les cas. Cela étant donné, trois hypothèses principales doivent être distinguées.

1re *Hypothèse.* — Le propriétaire du sol a le moyen de rembourser les impenses faites par le possesseur en construisant; il est riche, et il est probable qu'il les aurait faites lui-même. Il sera tenu d'indemniser le constructeur; que s'il se refuse à payer le constructeur de ses déboursés, il ne rentrera point en possession de son fonds.

Mais quelle somme sera-t-il tenu de rembourser au constructeur? Sera-ce le montant de toutes les sommes que le possesseur a dépensées en matériaux et en main-d'œuvre? Ou sera-t-il quitte pour payer seulement au constructeur la mieux-value qui a été ajoutée à son terrain par la construction?

Aux termes de la loi 38 2°, il aura le choix ou de payer au constructeur le montant de la plus-value ou la somme qu'a coûté la construction. Cette décision est fort juste.

Il serait contraire à l'équité, en effet, qu'il fût tenu de payer au constructeur toutes les impenses que ce dernier a faites, quand la plus-value ajoutée au fonds est inférieure à la somme que les constructions ont coûtée; d'autre part, lorsque la plus-value est supérieure au montant des déboursés, l'équité est satisfaite, dès lors que le constructeur n'est pas constitué en perte.

Ce texte du *Digeste*, vient corriger ce qu'il y a d'un

peu absolu dans le § 30 des *Inst.*, d'après lequel le propriétaire du sol est toujours obligé de rembourser au constructeur le prix de la main-d'œuvre et la valeur des matériaux « *pretium materiæ et mercedes fabrorum.* »

S'il paie cette somme, il pourra rentrer en possession de son fonds.

Dans le cas contraire, le constructeur, qui a le droit de retenir le fonds, deviendra-t-il propriétaire véritable de la construction qu'il a élevée ? Il nous semble qu'il faut donner une réponse affirmative.

Cela résulte à notre avis de la position de la question qui est faite au juge, et des pouvoirs qui lui sont attribués par la formule. En effet, pour que le défendeur puisse être condamné par le juge, il est indispensable que deux conditions concourent. Il faut 1° que la prétention du demandeur soit fondée et 2° que la non-justification de l'exception du défendeur soit établie ; or, nous avons supposé que l'exception du défendeur était pleinement justifiée, qu'il y aurait dol de la part du demandeur à vouloir devenir propriétaire d'une construction sans bourse délier.

Il en résultera que le défendeur devra être absous.

Dès lors, que si le demandeur s'avise de réclamer de nouveau la construction, il sera repoussé par l'exception de chose jugée. En définitive, le constructeur, étant protégé par cette exception, sera tout à fait, même vis-à-vis le propriétaire du terrain, dans la même position que s'il était propriétaire de cette construction.

2ᵉ *Hypothèse.* — Le propriétaire du sol est pauvre

et dans l'impossibilité d'indemniser le constructeur; d'autre part, il tient beaucoup à l'immeuble; c'est par exemple un fonds qui renferme le tombeau de ses ancêtres.

L'équité veut qu'on ne le prive pas d'un fonds, parce qu'il est hors d'état de rembourser au constructeur les impenses qu'il a faites sur ce fonds. Le sacrifice de son fonds ne saurait être exigé de lui; il est plus juste que la perte retombe sur le possesseur, car, après tout, le propriétaire du sol n'est pas cause qu'on a établi une construction sur son terrain. En conséquence, il sera seulement permis au constructeur d'enlever les constructions qu'il a créées, pourvu toutefois qu'il ne mette pas le fonds dans un état pire qu'il était avant l'accomplissement des travaux. C'est ce qui arriverait, par exemple, si à la place d'une maison encore bonne, il en avait élevé une plus spacieuse; comme il est dans l'impossibilité de rétablir la première, il ne pourra enlever la dernière.

Que si le propriétaire du sol, sans être assez riche pour payer le montant de la plus-value, a pourtant le moyen de payer le prix que le possesseur peut retirer de la vente des matériaux, s'il offre ce prix, le constructeur ne sera pas reçu à enlever ses matériaux. On lui permettrait encore moins de détruire ce dont il ne peut tirer aucun parti, par exemple les peintures des appartements. Il n'en retirerait d'autre avantage que le plaisir de nuire; c'est là, à coup sûr, un genre de jouissance que le juge ne peut prendre en considération.

3e *Hypothèse.* — Le propriétaire du sol, quel qu'il

soit, riche ou pauvre, a le dessein de vendre la maison avec le fonds dès qu'il l'aura recouvrée. Rien ne peut le dispenser, dans ce cas, de rembourser la dépense jusqu'à concurrence de l'augmentation de prix qu'elle doit procurer. S'il ne rembourse pas cette somme, le possesseur retiendra le fonds, et il sera condamné à la valeur de ce fonds, déduction faite de la somme qui devait lui être remboursée.

Cette dernière phrase « *Nisi reddit quantum prima parte reddi oportere dixnimus, eo deducto, tu condemnandus es* » nous montre bien que l'exception de dol peut même avoir pour effet de diminuer la condamnation du défendeur.

Tous les textes que nous avons cités supposent que le constructeur s'est fait rembourser de ses impenses, en faisant insérer dans la formule l'exception de dol, mais l'insertion de cette exception est-elle indispensable pour que le constructeur puisse se faire indemniser?

La réponse affirmative nous paraît découler bien clairement :

1° De la généralité et de l'unanimité des textes, car tous exigent l'insertion de l'exception de dol, comme condition essentielle pour se faire tenir compte des impenses d'amélioration, lorsque l'on est actionné par la revendication.

2° De la mission qui est tracée au juge d'après la formule elle-même, lorsque l'exception de dol n'y a pas été insérée. Cette formule sera ainsi conçue : « Juge, examine s'il est vrai qu'*Aulus Agerius* soit propriétaire du *fonds Cornélien ;* si cela est vrai condamne le défendeur ; sinon absous-le. »

Les pouvoirs du juge sont rigoureusement déterminés ; il n'a qu'une seule question à examiner, celle de savoir si *Aulus Agerius* est propriétaire du fonds *Cornélien;* si la propriété du demandeur est établie, il doit nécessairement condamner le défendeur. Ses pouvoirs ne vont pas au-delà de cette question ; il n'a nullement à s'enquérir des autres questions qui peuvent se présenter, notamment de celle de savoir s'il n'est pas équitable que le propriétaire du terrain ne puisse rentrer en possession de son fonds avant d'avoir indemnisé le constructeur des impenses qu'il y a faites. Pour qu'il puisse examiner cette question, il est indispensable qu'il ait reçu du préteur une plus large attribution de pouvoirs. Cette extension de pouvoirs résultera de l'exception de dol.

Telle est la solution professée par la plupart des commentateurs du droit romain ; elle est combattue notamment par Cujas.

Cet auteur prétend qu'il n'y a pas de différence sur ce point entre la *rei vindicatio* et l'*hereditatis petitio;* dès lors il pense que, alors même que le défendeur oublierait de se faire donner l'exception de dol, le juge aurait le pouvoir de tenir compte des dépenses faites par le constructeur comme dans l'*hereditatis petitio.*

Il est bien vrai que, dans la pétition d'hérédité, si quelques jurisconsultes exigeaient, pour autoriser le juge à prendre en considération les dépenses du possesseur, que l'exception de dol eût été ajoutée à la formule, d'autres jurisconsultes, en plus grand nombre, admettaient que, par la nature même de l'action, les pouvoirs généraux conférés aux juges étaient suffisants (loi 38, D. l. 5, t. III). Mais il reste à savoir si ces pouvoirs considérables accordés aux juges de la pétition d'hérédité, le juge de l'action en revendication les avait, indépendamment de l'insertion de l'exception de dol; or, la négative est incontestable, comme nous l'avons établi plus haut.

Il faut maintenant réfuter l'opinion de Cujas.

Ce commentateur s'appuie d'abord sur la loi 48 D. *de rei vindicatione*. Cette loi dispose que, l'exception de dol étant opposée, les impenses d'amélioration sont conservées au moyen des pouvoirs du juge « *verum*, dit-elle, *exceptione doli opposita, per officium judicis, æquitatis ratione servantur.* »

Il faut entendre ce texte, dit Cujas, comme s'il y avait *vel* après *opposita;* ce qui signifierait que le constructeur peut se faire rembourser ses impenses, soit au moyen de l'exception de dol, soit en vertu des pouvoirs généraux conférés au juge de la revendication.

C'est là, il faut l'avouer, une manière bien commode de trouver un argument en faveur d'un système que l'on tient à faire prévaloir.

Ce texte, à notre avis, dit tout à fait le contraire de ce que Cujas lui fait dire. Lisons-le comme il est, et ne le modifions pas.

Cujas invoque, en second lieu, des considérations.

Il prétend que, rationnellement, il ne doit pas y avoir de différence entre la *petitio hereditatis* et la *rei vindicatio*.

C'est là, à notre avis, une erreur. La *petitio hereditatis* embrasse une universalité de choses corporelles et incorporelles ; il y a des comptes divers à régler entre celui qui revendique une hérédité et le possesseur de cette hérédité. Pour savoir ce que le possesseur doit restituer, il est indispensable d'examiner ce dont il s'est enrichi en appauvrissant l'hérédité ; le compte des dépenses utiles entre naturellement dans cette appréciation.

Rien de pareil, lorsqu'il s'agit de la revendication d'une chose unique, individuellement déterminée ; il n'y a qu'une seule question à examiner, celle de savoir si le demandeur est propriétaire ; dès lors on s'explique très-bien pourquoi les pouvoirs du juge sont différents dans les deux actions.

Au surplus, quoi qu'il en soit de cette question de législation, il résulte évidemment de tous les textes que les jurisconsultes romains exigeaient l'insertion de l'exception de dol, pour que le constructeur pût se faire indemniser, les pouvoirs du juge de la revendication n'étant pas jugés suffisants, indépendamment de cette exception, pour lui faire rendre raison de ses impenses.

Nous avons vu que le propriétaire du sol, qui veut conserver la maison élevée sur son terrain par le possesseur de bonne foi, est tenu de lui rembourser ou le montant de toutes les impenses qu'il a faites, ou l'augmentation de valeur ajoutée au fonds par l'établissement de la construction, mais en fait, il pourra souvent rentrer dans son fonds sans lui avoir payé l'une ou l'autre de ces sommes.

Il arrivera fréquemment, en effet, que le possesseur de bonne foi sera constitué débiteur vis-à-vis le propriétaire du terrain. Nous n'avons qu'à supposer qu'il a dégradé une partie du terrain qu'il possédait, après avoir construit sur l'autre partie.

Mais il sera surtout débiteur du propriétaire du terrain, en raison des fruits qu'il aura perçus.

En effet, les jurisconsultes romains ayant considéré que, s'il n'était pas équitable que le propriétaire du fonds pût s'enrichir aux dépens du possesseur, qui a fait des impenses d'amélioration sur sa chose, il n'était pas juste non plus que le possesseur bénéficiât des fruits, qu'il a perçus sur le terrain du propriétaire du sol, ces jurisconsultes ont admis qu'il en était comptable vis-à-vis ce propriétaire, et, qu'en conséquence, il ne pourrait être remboursé de ses impenses qu'autant qu'il n'en serait pas dédommagé par les fruits qu'il a perçus avant la *litis contestatio*. Dès lors, la somme dépensée, réduite à la plus-value de l'immeuble dans la plupart des cas, sera compensée avec l'estimation de ces fruits, et, l'excédant, si excédant il y a, sera payé par le propriétaire au possesseur.

C'est la décision qui est donnée notamment par la loi 48 *de r. v.*, dans les termes suivants : « *Sumptus... si fructuum ante litem contestatam perceptorum summam excedant, admissa compensatione, superfluum sumptum, meliore prædio facto, dominus restituere cogitur.* »

DEUXIÈME HYPOTHÈSE. — *Le constructeur n'est plus en possession.*

Une sous-distinction devient nécessaire.

1° *La maison est encore debout.* Il faut se demander comment le possesseur a cessé de posséder.

S'il a été dépossédé par la violence, il a droit de se faire remettre en possession au moyen de l'interdit *unde vi.*

Si, au contraire, aucune violence n'a été employée; par exemple, quand on a profité de son absence momentanée pour s'établir dans l'immeuble, il a encore la faculté de rentrer dans le fonds au moyen de l'interdit *uti possidetis.* Dès lors nous retombons dans la première hypothèse.

Dans le cas où la ressource de ces deux interdits lui fait défaut, n'a-t-il pas du moins la *condictio indebiti* pour se faire restituer le fonds dont il s'est dessaisi au profit du propriétaire, sans avoir exigé de lui le remboursement de ses impenses, au moyen de l'exception de dol ?

La négative nous paraît découler des textes, et des principes qui gouvernent la *condictio indebiti.*

Des textes d'abord, et notamment de la loi 33, D. *de cond. ind.*, l. 12, t. 6.

Cette loi, qui prévoit tout à fait notre hypothèse, s'exprime dans les termes suivants : « *Si is qui in aliena area ædificasset, ipse possessionem tradidisset condictionem non habebit* »; si une personne a construit sur le terrain d'autrui, et qu'elle ait négligé de se faire rembourser ses impenses en restituant la possession du fonds à son propriétaire, la *condictio indebiti* ne lui sera point accordée.

2° *Des principes qui gouvernent la condictio indebiti.* En effet, pour que la *condictio indebiti* soit admise, il est nécessaire que le *tradens* ait eu l'intention de rendre l'*accipiens* propriétaire; or, il n'a point eu cette intention dans notre cas; en effet, il n'a transféré la propriété de rien à celui à qui il a fait tradition de la chose; il a seulement remis au propriétaire la possession de la chose qui lui appartient.

Nonobstant ces raisons, Cujas a prétendu que le constructeur peut réclamer par la *condictio indebiti* la possession de la chose qu'il a restituée indûment.

Il appuie son argumentation, notamment 1° sur la loi 40, § 1 *de C. ind.*; 2° sur la loi 10, § 1 *de donat. inter virum et uxorem*; 3° sur la loi 21, *ad. S. T.*

Dans l'un et l'autre de ces textes, il est question de personnes qui, étant réellement débitrices et tenues par une action personnelle, ont omis la rétention ou déduction des impenses utiles qu'elles ont faites sur la chose; elles ont payé (*solvit*) *omissione* par erreur, en réalité plus qu'elles ne devaient (*plus quam debitum*), et par conséquent quelque chose d'indû. Comme elles sont tout à fait dans la situation où se donne la *condictio indebiti*, il est équitable qu'elles puissent rentrer en possession de la chose qu'elles ont restituée.

Au contraire, dans l'hypothèse qui nous occupe, le possesseur ne restitue pas pour payer une dette; il ne transfère pas la propriété à un autre comme la lui devant; dès lors il ne peut *condicere quasi indebitum*.

L'opinion de Cujas n'a donc aucun appui ; elle est repoussée par les textes et par les principes.

Si le constructeur n'a pas la *condictio indebiti* pour rentrer en possession du fonds, ne doit-il pas être considéré du moins comme ayant fait l'affaire du propriétaire du sol, et ne faut-il pas lui accorder, en conséquence, l'*actio neg. gest. utile* pour se faire indemniser de ses impenses ? Certains auteurs, Pothier, entre autres, ont effectivement accordé au constructeur l'action utile de gestion d'affaires, en s'appuyant sur la loi *Ult. D. de neg. g.*

Africain, disent-ils, pose en thèse générale dans cette loi le principe que « celui-là doit avoir l'action contraire de gestion d'affaires qui a fait en réalité l'affaire d'autrui, croyant faire la sienne propre. » Pourquoi dès lors ne pas accorder cette action dans notre espèce ? C'est la même hypothèse ; le constructeur a élevé une construction *tanquam in suo bonâ fide*, croyant construire dans son intérêt propre, mais il s'est trouvé qu'en définitive, c'est son voisin qui a profité de sa construction ; il a fait, en définitive, l'affaire d'autrui, alors qu'il pensait faire la sienne propre.

Était-ce bien là la décision des jurisconsultes romains ? nous ne le pensons pas.

Il résulte, en effet, des textes relatifs à la gestion d'affaires que l'action contraire n'est conférée à une personne que quand elle a géré l'affaire d'autrui, entendant faire l'affaire d'autrui et non la sienne propre ; or, il est incontestable que le possesseur de bonne foi, qui a élevé un édifice sur un terrain qu'il regardait comme lui appartenant, a travaillé pour lui exclusivement; dès lors l'action de gestion d'affaires doit lui être refusée.

Ce refus de l'action contraire de gestion d'affaires est, en outre, consacré par de nombreux textes, aux termes desquels, celui qui a fait des impenses d'amélioration, sur une maison qu'il croyait lui appartenir, n'a que la voie d'exception et de rétention de la chose, pour s'en faire rembourser par celui à qui profitent les travaux de construction. Nous ne citerons, à l'appui de notre opinion, qu'un extrait de la loi 33 *de c. ind.* et de la loi 44 *de doli in ex.*; le premier est ainsi conçu : « *Constat si quis cum existimaret se heredem esse, insulam hereditariam fulsisset, nullo alio modo quam per retentionem impensas servare posse.* »

Le deuxième s'exprime en ces termes : « *Paulus respondit eum qui in alieno solo ædificium exstruxerit, non alias sumptus consequi posse quam si possideat, et ab eo dominus soli rem vindicet, scilicet opposita doli mali exceptione.* »

En résumé, le jurisconsulte Africain eût sans doute accordé, dans le cas qui nous occupe, l'action contraire de gestion d'affaires, mais la doctrine générale des jurisconsultes romains est que très-certainement le constructeur ne jouit pas de cette action.

DEUXIÈME HYPOTHÈSE. — *La maison est démolie.*

Il faut reconnaître au constructeur le droit de revendiquer ses matériaux en principe, lorsque la maison est démolie ou par exemple quand elle vient à s'écrouler : il est hors de doute en effet, que le possesseur de bonne foi est resté propriétaire des matériaux employés dans la construction.

Il est bien entendu, au reste, que le droit d'enlever ses matériaux ne lui compète que s'il n'en a point été déjà indemnisé.

CHAPITRE II.

DES CONSTRUCTIONS ÉLEVÉES PAR UN POSSESSEUR DE MAUVAISE FOI.

Mœvius a, par exemple, acheté de *Sempronius*, le fonds *Cornélien* qui lui a été *mancipé* ; il suit très-bien que ce fonds n'appartient pas à *Sempronius*, mais à *Titius*, que, par conséquent, il n'a pas pu en devenir propriétaire. Il se décide néanmoins à y élever un édifice ; quels moyens aura-t-il de se faire indemniser de ses impenses, lorsque *Titius* voudra rentrer dans son fonds.

PREMIÈRE HYPOTHÈSE. — *Il est en possession du fonds.*

A la revendication du propriétaire du sol peut-il opposer l'exception de dol, à l'effet d'obtenir le remboursement de la plus-value, qu'il a créée sur le sol ? Nullement ; c'est ce que nous dit, entre autres textes, le dernier aliéna du § 30 des *Inst.* l. 2, t. I ; sans doute, le possesseur jouira de l'exception de dol, mais il est indispensable, pour cela, qu'il soit de bonne foi « *utique si bonæ fidei possessor fuerit qui ædificavit.* »

D'ailleurs, cette distinction, entre le possesseur de bonne foi et le possesseur de mauvaise foi, est assez naturelle. En effet, le possesseur de bonne foi n'a rien à se reprocher ; il croyait que le fonds, sur lequel il a construit, lui appartenait, et il avait des raisons très-plausibles de penser ainsi ; il est donc parfaitement excusable d'avoir fait sur le terrain des impenses d'amélioration, et d'autre part, il serait souverainement inique que, le propriétaire du sol pût devenir propriétaire de la construction, sans rien débourser ; l'équité veut donc qu'à la revendication du propriétaire du terrain, il puisse opposer l'exception de dol.

Bien différente est la situation du possesseur de mauvaise foi. Il sait très-bien, lui, au contraire, que le terrain, dont il est en possession, appartient à autrui, que, par conséquent, d'un jour à l'autre, il peut en être dépossédé ; dès lors, s'il est prudent, il s'abstiendra d'y faire des impenses considérables, en élevant des constructions nouvelles.

Si, devant le préteur, il sollicite l'exception de dol, le propriétaire du terrain lui dira : « Vous n'ignoriez pas que le fonds était à moi, vous avez commis une faute en construisant, car vous saviez fort bien que cet édifice pouvait vous être enlevé d'un moment à l'autre ; il est juste que vous subissiez les conséquences de votre faute. » C'est la raison que nous trouvons dans tous les textes qui ont trait à la question « *potest objici culpa quod inædificaverit temere in eo solo quod intelligeret alienum esse.* »

Sans doute, le constructeur ne manquera pas de lui répondre : « Votre prétention à vouloir rentrer en possession d'un fonds, sur lequel j'ai créé des travaux considérables, sans bourse délier, est tout à fait immorale, et contraire à ce principe d'équité, « que personne ne peut s'enrichir aux dépens d'autrui. »

Mais le propriétaire du sol lui répliquera victorieusement, en ces termes : « Je sais très-bien que vous pourrez éprouver un préjudice considérable, mais ce préjudice, c'est vous-même qui vous l'êtes causé; aux yeux de la loi, il est réputé comme n'existant pas; » en effet : « *nemo damnum sentire videtur qui sua culpa damnum sentit.* » Si vous êtes placé par la loi dans la même position que si vous n'aviez subi aucun dommage, pourquoi serais-je tenu de vous indemniser?

Il est donc conforme à l'équité, et aux textes, de ne point accorder d'exception de dol au possesseur de mauvaise foi.

Néanmoins, Cujas pense que comme le propriétaire ne doit pas s'enrichir même aux dépens du possesseur de mauvaise foi, celui-ci peut lui opposer l'exception *doli mali*, pour se faire indemniser de ses dépenses utiles, jusqu'à concurrence de la plus-value.

Les textes que l'on cite à l'appui de l'opinion contraire, qui refuse l'exception de dol au possesseur de mauvaise foi, doivent s'entendre, dit-il, du cas où le propriétaire du sol n'aurait pas de quoi rembourser la mieux-value créée sur son terrain. Selon lui, toute la différence qu'il y a à cet égard entre le possesseur de bonne foi et le possesseur de mauvaise foi, consiste uniquement en ce que le premier se fait rembourser les dépenses qu'il a faites, alors même que la chose améliorée a péri, tandis que le possesseur de mauvaise foi ne peut prétendre à ce remboursement que dans le cas où la chose améliorée existe encore, et, qu'en conséquence, le propriétaire s'enrichit actuellement à ses dépens.

Nous nous bornerons à répondre que les textes, qui ont trait à la question, ne supposent nullement que le propriétaire du terrain est hors d'état d'indemniser le constructeur; ils sont, en effet, aussi généraux que possible.

Parmi les textes nombreux que l'on pourrait citer, nous ne mentionnerons que la loi 2 au Code *Gr. de r. v.* qui s'exprime dans les termes les plus précis : « *Certissimi juris est*, dit cette loi, *ædificium in alieno agro exstructum solo cedere, sumptusque eo nomine factos non nisi bonæ fidei emptorem per retentionem posse servari.* » C'est un point de droit très-certain qu'un édifice construit sur le terrain d'autrui cède au sol, et que l'acheteur de bonne foi peut seul conserver, par rétention, les dépenses qu'il a faites à ce sujet.

L'opinion, enseignée par Cujas, se fonde principalement sur un texte relatif à la pétition d'hérédité, qui forme la loi 38 D. *de h. p.* Le jurisconsulte Paul, dans cette loi, dispose que le possesseur de mauvaise foi, aussi bien que le possesseur de bonne foi, a droit au remboursement des impenses utiles qu'il a faites sur la chose d'autrui, lorsqu'il est actionné par la pétition d'hérédité. « *Sed benignius*, dit-il, *est in hujus quoque persona haberi rationem impensarum.* »

Il ajoute que cette imputation d'impenses, rentrera même dans les pouvoirs du juge, et que le défendeur n'a pas besoin de se faire donner l'exception de dol.

Pourquoi, disent les partisans de l'opinion de Cujas, cet adoucissement équitable de la rigueur de l'ancien droit, n'aurait-il pas été étendu de l'action *in rem de universitate* à l'action *in rem de re singulari* ? Il n'y a aucun motif de distinguer entre les deux actions.

Nous répondrons que là n'est point en réalité la question ; il ne s'agit pas de savoir, s'il eût été juste et équitable d'accorder au constructeur de mauvaise foi la faculté de se faire rembourser ses impenses utiles, lorsqu'il est actionné par la revendication, mais si, en réalité, les jurisconsultes romains la lui accordaient ; or, il nous paraît incontestable que tous les textes refusent au constructeur le moyen de se faire indemniser par l'exception de dol.

D'ailleurs, on conçoit très-bien qu'ils aient établi sur ce point une différence entre la pétition d'hérédité et la revendication des choses particulières, car, dans la pétition d'hérédité, en raison des comptes divers qui sont à régler entre le revendiquant et le possesseur, les pouvoirs du juge sont bien plus étendus que dans l'action en revendication ; la première, en effet, a fini par être rangée parmi les actions de bonne foi, tandis que la seconde est *arbitraria ;* à l'occasion de cette dernière, le juge n'a qu'une question à examiner, sans avoir à tenir compte des diverses circonstances de fait.

Il nous paraît donc certain que le possesseur de mauvaise foi, qui a élevé une construction, ne jouit point de l'exception de dol pour se faire indemniser de ses impenses.

Mais, si le propriétaire du sol n'est pas obligé de rembourser au possesseur de mauvaise foi les impenses utiles, jusqu'à concurrence de la somme dont l'héritage en est augmenté, au moins ce propriétaire ne peut pas se dispenser d'en souffrir la compensation jusqu'à due concurrence, avec la somme qui lui est due par le possesseur, pour le rapport des fruits, car le propriétaire est censé avoir déjà touché, jusqu'à due concurrence, le prix des dits fruits par l'emploi qui en a été fait à l'amélioration de son fonds. Ce serait s'en faire payer deux fois, que de ne pas en tenir compte au possesseur; ce qui serait contraire aux principes les plus élémentaires de l'équité.

Le possesseur de mauvaise foi n'a-t-il pas du moins le droit d'enlever les matériaux, qu'il a employés dans la construction, lorsque le propriétaire du sol revendique son terrain *cum omni causâ*, avec ses agrandissements, sans vouloir l'indemniser?

Il paraît logique de décider que, dans l'ancien droit romain, alors que la fiction de donation des matériaux « *donasse videtur*, » au profit du propriétaire du sol, par le constructeur de mauvaise foi, était en pleine vigueur, il n'avait pas même le droit d'enlever ses matériaux. En effet, s'il avait aliéné ses matériaux à l'avantage du propriétaire du sol, il est évident qu'il n'en était plus resté propriétaire : dès lors il n'avait plus qualité pour exercer sur eux la revendication.

On peut soutenir qu'à l'époque classique, le constructeur de mauvaise foi avait au moins le droit d'enlever ses matériaux, à la charge de remettre les choses dans leur ancien état. En effet, Ulpien, dans la loi 37 *in fine* D. *de r. v.*, après avoir dit qu'il faut refuser au constructeur de mauvaise foi l'exception de dol, ajoute cette phrase : « *sed hoc ei concedendum est ut sine dispendio domini areæ tollat ædificium quod posuit* »; il est impossible de refuser au possesseur de mauvaise foi le droit d'enlever ses constructions, sans détérioration du terrain qu'il doit restituer.

Pour nous, nous inclinons à croire que cette dernière phrase n'est pas d'Ulpien, mais le résultat d'une interpolation de Tribonien. Il paraît assez extraordinaire qu'il soit permis au possesseur de démolir, pour enlever ses matériaux, quand plusieurs textes lui refusent le droit de revendiquer les matériaux qui sont entrés dans la construction, après que le propriétaire aurait démoli. Nous estimons que, même à l'époque classique, en l'absence de texte positif qui confère au possesseur de mauvaise foi le droit d'enlèvement de ses matériaux, et attendu la présomption de donation des matériaux au profit du propriétaire du sol, qui est écrite dans tous les textes qui ont trait aux constructions élevées par un possesseur de mauvaise foi, nous estimons que ce possesseur n'avait pas même la faculté de retirer ses matériaux.

Quoi qu'il en soit, il faut reconnaître ce droit d'enlèvement, même au possesseur de mauvaise foi, à partir de l'empereur Gordien, car nous trouvons dans la loi 5 au Cod. l. 3, t. 32 la phrase suivante : « *Sin autem utilis, licentia eis permittitur sine læsione prioris status rei eos auferre* », s'il s'agit de dépenses utiles, le possesseur qui les a faites, a le droit de les enlever, en remettant les choses dans l'état où elles étaient avant l'accomplissement des travaux; et il n'est fait aucune distinction entre le possesseur de bonne foi et celui de mauvaise foi.

DEUXIÈME HYPOTHÈSE. — *Le possesseur a cessé de posséder.*

Il pourra jouir, comme le possesseur de bonne foi, de l'interdit *unde vi* et de l'interdit *uti possidetis*, pour se faire remettre en possession du fonds qu'il a amélioré, en y créant des constructions nouvelles.

Mais si la ressource de ces deux interdits lui fait défaut, il est bien évident que pas plus que le possesseur de bonne foi, il n'aura action ni pour se faire remettre en possession du terrain, ni pour se faire indemniser; point de *condictio indebiti* ni d'*actio negotiorum gestorum contraria utile* à son profit. Pendant longtemps, il n'a même pu prétendre au droit de revendication des matériaux qu'il a fait entrer dans la construction « *quia voluntate ejus intelliguntur alienata,* » quand bien même cette construction avait été détruite, par exemple par accident, ou était tombée de vétusté.

Ce n'est qu'à une époque qu'il est assez difficile de préciser, qu'il a été en droit de revendiquer ses matériaux, par cela seul, qu'en construisant, il n'a pas eu d'*animus donandi* envers le propriétaire du terrain.

C'est, en effet, ce qui est décidé dans une constitution d'Antonin Caracalla dans les termes suivants : « *materia ad pristinum dominum redit, sive bona fide, sive mala ædificium exstructum sit, si non donandi animo ædificia alieno solo imposita sunt.*

CHAPITRE III.

DES CONSTRUCTIONS ÉLEVÉES PAR UN LOCATAIRE.

Deux hypothèses doivent être distinguées.

1° *Constructions élevées par le preneur d'un ager vectigalis.*

Dans le principe, lorsque des fonds, appartenant au peuple romain, à des cités, ou à des colléges de prêtres ou de vestales, étaient loués à des particuliers à perpétuité, ou pour un long temps, sous la charge d'une certaine redevance annuelle appelé *vectigal*, le concessionnaire n'avait pas plus qu'un fermier ordinaire de droit réel sur le terrain loué. Dès lors, si ce concessionnaire y élevait une construction, il ne pouvait prétendre en principe à aucun droit réel sur cette construction ; comme le locataire ordinaire, lorsqu'il était inquiété dans la possession du fonds ou de la construction, par un tiers qui, par exemple, voulait s'en emparer, il ne pouvait agir autrement qu'en se faisant céder par l'État ou la ville, l'action réelle pour l'exercer *procuratorio nomine* : de là des embarras et des recours continuels. C'est ce qui décida le préteur à accorder un droit réel à ce preneur du *fundus vectigalis*, droit réel se rapprochant de celui d'un propriétaire ou d'un usufruitier, sans se confondre ni avec l'un, ni avec l'autre.

Du moment où le concessionnaire put prétendre à un droit réel sur le fonds loué, il en résulta que, s'il construisait sur ce terrain, il avait sur la construction un droit de même nature que sur le sol; en effet, la construction, étant incorporée au sol, doit suivre le même sort que le sol; de là les conséquences suivantes :

1° L'action réelle utile, qui sanctionnait son droit sur le sol, sanctionnait également son droit sur la construction qu'il avait élevée.

2° Son droit sur la construction passait à tous ses successeurs universels ou singuliers, héritiers, légataires, acheteurs, au même titre que son droit sur le sol.

3° L'action *communi dividundo* pouvait être exercée par lui sur la construction, aussi bien que sur le sol, de même que l'action *familiæ erciscundæ*.

4° Le droit qu'il avait sur la construction pouvait être donné en hypothèque, comme son droit sur le sol.

Comme on le voit, le preneur avait, à peu près, tous les avantages de la propriété sur l'édifice, qu'il avait élevé.

En droit, cependant, il n'était point réellement propriétaire de cette construction, qui appartenait à la personne morale qui avait donné le terrain à bail; car, il est de règle que les constructions élevées, par autrui, sur un terrain, appartiennent au propriétaire du sol; or, il est incontestable que le concédant retenait par devers lui la propriété du sol.

Lorsque la concession prenait fin, le concédant avait très-certainement la faculté de retenir les constructions élevées par le concessionnaire, mais devait-il indemniser le constructeur?

Il faut admettre qu'en principe, il n'était tenu à aucune indemnité : en effet, dans la pratique, la concession n'était accordée qu'à la charge par le preneur de faire des améliorations sur le terrain loué, sans pouvoir réclamer le montant des sommes qu'il avait déboursées à cette occasion, ni même la mieux-value apportée au fonds par ces impenses.

Les solutions que nous venons de donner, il faut les appliquer, en principe, quand le preneur d'un *ager emphyteuticarius* y avait élevé des constructions : en effet, la condition des *agri emphyteuticarii* est la même que celle des *agri vectigales*, et la concession de ces fonds produit les mêmes effets. La concession des *agri emphyteuticarii* n'est, en définitive, que la concession des *agri vectigales* étendue aux biens patrimoniaux des empereurs, puis, plus tard, aux biens des simples particuliers.

2° *Constructions élevées par un locataire ordinaire.*

Lorsqu'un preneur ordinaire a élevé des constructions sur le terrain qu'il a loué, il est bien évident qu'il n'a pas plus de droit réel sur la construction que sur le sol, et, que c'est le bailleur qui est propriétaire de la construction élevée par son fermier en vertu de la maxime « *omne quod inædificatur solo cedit* », mais le bailleur pourra-t-il conserver les édifices créés par son locataire, sans être tenu d'en indemniser le constructeur ?

Au premier abord, il semble qu'il faut assimiler le preneur à un possesseur de mauvaise foi, et, en conséquence, lui refuser tout droit à indemnité : en effet, il savait très-bien qu'il ne construisait point sur son fonds, mais sur le terrain d'autrui, dès lors, pourquoi ne pourrait-on pas lui objecter, comme au possesseur de mauvaise foi, « *quod temere inædificaverit in solo alieno quod intelligeret alienum esse ?* »

Cette solution serait assurément fort rigoureuse, et il est impossible de l'admettre.

Elle doit être rejetée, d'abord en vertu des principes.

Que le possesseur de mauvaise foi ne puisse se faire indemniser, au moyen de l'exception de dol, cela se conçoit, car il est actionné par l'action en revendication, qui est une *actio arbitraria* : d'autre part, aucun contrat n'est intervenu entre le propriétaire du sol et le possesseur ; tandis que le bailleur et le preneur ont conclu un contrat de droit des gens, à l'occasion duquel le juge a le pouvoir et le devoir d'appliquer les principes de l'équité. Le louage est un contrat qui oblige les contractants à se faire respectivement raison de ce que la bonne foi et l'équité exigent : l'*actio conducti*, comme l'*actio locati* est *bonæ fidei*. Or, il est essentiellement équitable que le bailleur ne puisse retenir, sans rien débourser, les constructions que le preneur a élevées sur son terrain, à grands frais peut-être. Il résulte donc des principes que le locataire doit être admis à se faire rembourser par le *locator* au moins la somme représentant l'augmentation du fonds.

Ce droit à une indemnité est, en outre, établi par un texte formel, la loi 55, I, *loc. c.* Paul, dans cette loi, s'exprime ainsi : « *in conducto fundo si conductor sua opera aliquid necessario vel utiliter auxerit, vec ædificaverit, cum id non convenisset, ad recipienda ea quæ impendit, ex conducto cum domino fundi experiri potest.* »

Il faut reconnaître, en outre, au locataire la faculté d'intenter l'action *ex conducto*, pour être admis à enlever les édifices qu'il a élevés, à la condition de remettre les lieux dans leur état primitif. C'est ce que dit Ulpien dans la loi 19, § 4, *loc. c.* « *Et est verius*, dit-il, *quod Labeo scripsit, competere ex conducto actionem, ut ei tollere liceat.* »

CHAPITRE IV.

DES CONSTRUCTIONS ÉLEVÉES PAR UN USUFRUITIER.

Lorsqu'un usufruitier crée un bâtiment sur le terrain, dont il n'a que la jouissance, le nu-propriétaire aura évidemment un droit de nu-propriété sur cet édifice.

Quant à l'usufruitier, son droit sur sa construction, sera de même nature que celui qu'il a sur le sol, en vertu de la maxime : « *omne quod inœdificatur solo cedit* »; il aura donc également un droit d'usufruit sur la construction qu'il aura édifiée.

Il importera peu, pour cela, que, à la cessation de sa jouissance, l'on admette qu'il ne peut prétendre à aucune indemnité, en raison de sa construction, et qu'il ne soit pas même en droit d'enlever les matériaux, qu'il a employés dans cette construction.

De ce que son droit sur la construction est de même nature que son droit sur le terrain, il en résulte nécessairement qu'il pourra, en général, exercer à l'occasion de sa construction les mêmes droits que ceux qu'il peut exercer sur le sol; ainsi, notamment, il pourra hypothéquer son droit sur la construction aussi bien que son droit sur le sol.

2° Intenter l'action *confessoire*, au sujet de la construction comme au sujet du sol, de même les interdits, *quasi possessoires*.

A la cessation de sa jouissance, peut-il se faire indemniser ?

Il est incontestable, d'abord, qu'il n'a, pour cela, aucune action contre le nu-propriétaire, à la différence du locataire, car le nu-propriétaire n'est lié envers lui par aucune obligation.

Et il importera peu, qu'il ait acquis ce droit d'usufruit, à titre gratuit, par legs par exemple, ou à titre onéreux.

Mais ne pourra-t-il pas du moins, à défaut d'action, s'il est encore en possession, après la cessation de sa jouissance, opposer l'exception de dol, pour obtenir ainsi, par voie de rétention, ou le remboursement de la mieux-value ajoutée au fonds, ou la faculté d'enlever ses matériaux ?

Il nous semble qu'il faut donner une réponse négative en thèse générale, parce qu'il n'existe entre le nu-propriétaire et l'usufruitier aucun rapport d'obligation.

D'ailleurs, le nu-propriétaire peut objecter à l'usufruitier, qu'ayant construit sciemment, sur un fonds qu'il savait très-bien ne pas lui appartenir, il est réputé avoir voulu lui faire donation de ses constructions, et qu'il ne peut pas se plaindre s'il éprouve un préjudice, car c'est lui-même qui se l'est causé, personne ne le forçant à bâtir.

En outre, si, aux termes de la loi 15, *p. de usu, et quemad.*, l'usufruitier n'a pas le droit d'enlever les travaux qu'il a attachés à l'immeuble d'autrui, *a fortiori*, il faut lui refuser tout droit à une indemnité en raison des matériaux qu'il a fait entrer dans la construction.

Tout ce que ce texte lui accorde, c'est la faculté de pouvoir revendiquer ses matériaux, lorsqu'ils sont détachés : « *postea eum*, est-il dit dans cette loi, *si quid inædificaverit, neque tollere, neque refigere posse, refixa plane posse vindicare* ».

On pourrait peut-être admettre que, dans certaines hypothèses exceptionnelles, lorsque l'usufruitier est digne de beaucoup d'intérêt, par exemple, quand il aura acquis son droit en vertu d'une disposition testamentaire, il pourra, néanmoins, opposer l'exception de dol à la revendication du propriétaire, et obtenir, par ce moyen, une indemnité.

Cette exception n'aurait rien de choquant, en présence de la loi 38 *de re v.* qui accorde au juge le droit de donner des décisions diverses, suivant les circonstances de la cause, conformément aux principes de l'équité, dans cette matière si délicate des impenses faites sur le terrain d'autrui.

CHAPITRE V.

DES CONSTRUCTIONS ÉLEVÉES PAR UN PROPRIÉTAIRE SOUS CONDITION RÉSOLUTOIRE ET SOUS CONDITION SUSPENSIVE.

Dans l'ancien droit romain, alors que la propriété d'une chose ne pouvait être affectée d'une condition résolutoire, notre question ne pouvait évidemment se présenter, mais du moment où on eût admis que l'on pouvait être propriétaire *ad conditionem*, et que, par l'arrivée de la condition résolutoire, la propriété était réputée avoir été anéantie dans le passé, on put se demander quels droits pourraient prendre naissance, lorsqu'un propriétaire sous condition résolutoire, avait élevé des constructions sur un terrain dont il n'avait qu'une proprieté sous condition.

Supposons que, *Titius* a vendu à *Mævius* le fonds *Sempronien*, avec la faculté de pouvoir reprendre ce fonds, dans un certain délai, en lui remboursant le prix de la vente. *Mævius* se décide à y construire; quels droits aura-t-il sur la construction qu'il a édifiée?

Il aura évidemment sur sa construction un droit de même nature que celui qu'il a sur le terrain, c'est-à-dire un droit incertain, précaire et imparfait de propriété. Peut-être aura-t-il élevé cette construction pour lui, peut-être l'aura-t-il élevée pour autrui, car on ne sait point encore à qui elle appartiendra définitivement.

Quoi qu'il en soit, *interim*, il sera en droit d'exercer sur cette construction comme sur le sol, les droits de propriété.

Qu'arrivera-t-il *eveniente conditione*? Le vendeur, auquel son fonds fait retour, sera-t-il tenu de conserver les constructions élevées par l'acheteur à pacte de réméré.

Il nous semble qu'il faut répondre qu'en thèse générale, lorsque les constructions ont une certaine importance, il ne peut pas être contraint de les garder, et qu'il peut inviter l'acheteur à les enlever.

C'est, en effet, en principe, le droit de toute personne, sur le fonds de qui un tiers a élevé des constructions; or, l'acheteur à réméré a construit sur le terrain du vendeur, puisqu'il est réputé n'avoir jamais été propriétaire du sol qu'il a acheté.

On ne pourrait, d'ailleurs, refuser ce droit au vendeur, sans blesser les principes de l'équité, car il ne doit pas être au pouvoir de l'acheteur, en faisant des impenses trop considérables, que le vendeur pourrait n'avoir pas le moyen de rembourser, de mettre, par ce moyen, le vendeur hors d'état de pouvoir exercer son action de réméré, et, d'autre part, on pourra souvent lui objecter « *quod temere ædificaverit in fundo alieno* ».

Que si, ces constructions, élevées par l'acheteur, lui conviennent, il est en droit de les conserver, puisqu'il en est propriétaire; mais, dans ce cas, l'équité veut qu'il rembourse à l'acheteur les impenses qui ont amélioré son terrain, jusqu'à concurrence de ce dont il s'en trouve plus précieux.

Les solutions, que nous venons de donner, quand un acheteur à réméré a élevé un édifice, nous semblent devoir être étendues aux cas où un propriétaire, en général, construit sur un sol dont il n'a qu'une propriété résoluble.

De même, nous les étendrons, quant au droit de suppression des travaux, et à la question d'indemnité, au propriétaire sous condition suspensive.

CHAPITRE VI.

DES CONSTRUCTIONS ÉLEVÉES PAR LE COMMODATAIRE, LE PRÉCARISTE, LE CRÉANCIER GAGISTE, ET LE CRÉANCIER ANTICHRÉSISTE.

Lorsque l'emprunteur à usage d'un fonds aura construit sur le terrain du commodant, il faut reconnaître à ce dernier, comme à tout propriétaire d'un terrain, sur lequel un tiers vient à bâtir, le droit de demander la suppression des travaux : il ne serait pas juste, en effet, qu'il pût être grevé malgré lui, d'impenses, qu'il n'a pas voulu faire, et dont il ne veut pas profiter.

Au surplus, le constructeur a commis une grave imprudence en construisant sur le terrain d'autrui ; il est juste qu'il en supporte les conséquences.

Mais n'aura-t-il aucun moyen de se faire indemniser, en raison des constructions qu'il aura créées, lorsque le commodant veut conserver ces constructions ?

Il nous paraît incontestable que, s'il a restitué le fonds au commodant, tout son droit se bornera à la faculté de revendiquer les matériaux, qui sont entrés dans l'édifice, lorsque cet édifice vient à être anéanti, si du moins on ne peut supposer chez lui d'intention libérale vis-à-vis le commodant : en effet, il ne peut pas être dans une position plus avantageuse que celui qui a construit *tanquam in suo bona fide*.

Mais, s'il est encore en possession, quoique les textes n'accordent au commodataire l'*actio commodati contraria* que, quand il a fait des impenses nécessaires sur la chose du commodant, il nous paraît assez difficile d'admettre que tout moyen de se faire indemniser lui soit refusé. Nous estimons que les juges pourront lui faire rembourser par le commodant les impenses, dont ce dernier tient à profiter « *quatenus locupletior factus est* » conformément aux principes si équitables de la loi 38 *de rei vind.*, car, le contrat de commodat est *bonæ fidei*, et, dans des contrats de ce genre, les juges ont une grande latitude pour apprécier, *ex bono et æquo*, les circonstances diverses de la cause.

Ce que nous venons de dire sur le commodataire qui a élevé un bâtiment, nous le dirons, en principe, également du précariste, du créancier gagiste, et du créancier antichrésiste, car l'un et l'autre de ces constructeurs sont, à peu près, dans la même situation.

CHAPITRE VII.

DES CONSTRUCTIONS ÉLEVÉES PAR UN COPROPRIÉTAIRE ET PAR UN COASSOCIÉ.

Lorsque deux ou plusieurs personnes sont copropriétaires par indivis d'un fonds, soit parce que ce fonds leur a été donné ou légué conjointement, soit parce qu'elles ont été appelées ensemble à une même hérédité, si l'une d'elles fait sur le terrain indivis des réparations nécessaires, elle a le droit de réclamer à ses copropriétaires le montant des déboursés qu'elle a faits ; cela est parfaitement équitable, attendu qu'un tiers ordinaire pourrait se faire indemniser de toutes les impenses de ce genre qu'il aurait effectuées.

Le copropriétaire aura, à cet effet, l'*actio communi dividundo* ou l'*actio familiæ erciscundæ*.

Que faut-il décider, si, au lieu de faire des impenses nécessaires, l'un des communistes a élevé sur le fonds commun un édifice?

Les *Institutes* au § 3, livre III, t. 27, et divers autres textes, n'accordant l'*actio communi dividundo* ou *familiæ erciscundæ* que quand l'un des copropriétaires a fait des impenses nécessaires, on serait tenté de conclure que le constructeur n'a pas de recours, quand il a élevé une construction sur le terrain commun, car les déboursés, faits pour la création d'un édifice, ne constituent certainement pas des impenses nécessaires, mais bien de simples impenses utiles d'amélioration.

Mais cette solution est trop rigoureuse, pour pouvoir être admise. Nous estimons que le communiste constructeur pourra, en principe, exercer un recours contre ses communistes.

D'abord, ce droit à un recours est conforme à ce grand principe de droit que « personne ne peut s'enrichir aux dépens d'autrui. »

En second lieu, l'*actio communi dividundo* et *familiæ erciscundæ* sont des actions de bonne foi, à l'occasion desquelles le juge a des pouvoirs très-étendus pour apprécier, *ex bono et æquo*, s'il convient d'accorder le droit de réclamer des impenses d'amélioration; or, il est essentiellement équitable qu'en principe le constructeur soit indemnisé en raison de ses travaux de construction.

Il y a mieux; nous avons un grand nombre de textes qui accordent l'action *communi dividundo* et l'action *familiæ erciscundæ* au copropriétaire, sans distinguer entre les diverses catégories de dépenses qu'il a faites, par conséquent, pour les dépenses d'amélioration aussi bien que pour les impenses nécessaires.

Nous ne citerons que des fragments de deux lois, 1° le § 3, loi 4, C. D. qui s'exprime ainsi : « *Si quis impensas fecerit, consequatur.* »

2° Le § 3 de la loi 6, *eod. tit.* : « *si quid post acceptum communi dividundo judicium fuerit impensum, Nerva recte existimat etiam hoc venire.* »

Comme on le voit, le jurisconsulte Ulpien n'établit aucune distinction entre les impenses; nous ne devons donc pas distinguer non plus.

Cette solution pourrait cependant être combattue

par un fragment de Modestin qui forme la loi 27, *p. de neg. g.*

Il s'agit, dans cette loi, d'un frère qui a élevé des constructions considérables sur le fonds qui est commun entre lui et son frère, et qui réclame le paiement de ses impenses, *desiderat sumptus.* Modestin, consulté sur la question de savoir si le constructeur avait droit à être indemnisé, répondit qu'il ne pouvait prétendre à aucune action : « *eum de quo quæritur actionem non habere.* »

Mais ce texte ne tire nullement à conséquence, et n'infirme point notre principe, car la décision, qu'il consacre, est rendue dans une hypothèse tout à fait particulière.

D'abord, le communiste, à qui son frère réclamait le remboursement de ses impenses, 1° est en bas âge ; il est *minor annis,* tandis que le constructeur est *suæ ætatis ;*

2° Il est question d'impenses voluptuaires, *voluptatis causa factos.*

3° De constructions considérables, *ampla ædificia ædificaverat.*

En raison de toutes ces circonstances de fait, on conçoit très-bien que le jurisconsulte ait refusé au constructeur tout droit à indemnité.

Il n'en reste donc pas moins vrai qu'en principe, le constructeur, qui a élevé un édifice sur le terrain commun, peut exercer un recours en indemnité contre son copropriétaire.

Si nous accordons ce recours au communiste ordinaire, *sine societate,* nous devons l'accorder *a fortiori* lorsqu'il est intervenu un contrat de société entre les copropriétaires, au moyen de l'action *pro socio*. En effet, la société, en droit romain, est un contrat tout à fait de bonne foi; et les sentiments d'affection y jouent un grand rôle, à la différence de ce qui a lieu de nos jours où, dans beaucoup de sociétés, on fait abstraction de la personne des associés.

CHAPITRE VIII.

DES CONSTRUCTIONS ÉLEVÉES PAR UN GÉRANT D'AFFAIRES.

Lorsque, pendant l'absence de *Mævius*, *Titius*, son voisin, a élevé sur son fonds un édifice, *Mævius*, à son retour, sera-t-il tenu de rembourser au constructeur les impenses qu'il a faites? Toute la question revient à savoir si, en réalité, il y a eu bonne et utile gestion de la part du constructeur. Si oui, l'action de gestion d'affaires *contraria* sera ouverte à son profit; si non, elle lui sera refusée; en effet, il est de principe, en cette matière, que celui-là jouit de l'action de gestion d'affaires *contraria*, *qui utiliter domini gessit negotia*.

S'agissait-il par exemple d'un terrain, placé sur le bord d'un chemin, et très-favorable pour être surbâti; le propriétaire de ce terrain eût-il probablement élevé cette construction, il sera tenu de l'action contraire de gestion d'affaires; au contraire, le sol, sur lequel le gérant d'affaires a construit, était-il peu propre à recevoir une construction, de sorte que le maître ne l'eût sans doute pas fait servir à cette destination, ce dernier ne sera tenu à aucune indemnité. Que faudra-t-il décider en principe?

A notre avis, les jurisconsultes romains refusaient, en principe, le droit à une indemnité au gérant d'affaires.

Cette solution donnée, en thèse générale, paraît d'abord assez équitable ; le propriétaire du terrain ne sera-t-il pas en droit de dire au constructeur : « Que me réclamez-vous ? Il n'était pas indispensable qu'une construction fût élevée sur mon fonds ; vous êtes en faute d'avoir construit sans que je vous l'aie commandé ; je ne veux pas de votre construction qui ne me convient pas : dès lors enlevez vos matériaux. Que si vous éprouvez un préjudice, peu m'importe, car vous deviez vous abstenir ».

Elle résulte, en second lieu, de plusieurs textes, qui n'accordent au gérant l'action contraire que quand il a exécuté des travaux indispensables à la conservation du fonds.

Spécialement, elle nous semble consacrée par un texte formel, la loi 10 § I *de neg. g.* Cette loi est, en effet, ainsi conçue : « *is enim negotiorum gestorum habet actionem qui utiliter negotia gessit : non autem utiliter negotia gerit, qui rem non necessariam vel quæ oneratura est patremfamilias adgreditur* ».

Celui-là a l'action de gestion d'affaires, qui a bien géré ; or, n'a pas bien géré, celui qui a exécuté des travaux qui n'étaient point nécessaires, ou de nature à trop grever le patrimoine du maître.

A quelle somme aura droit le gérant d'affaires qui, en construisant, a réellement bien géré l'affaire du maître ?

La règle générale est qu'il doit être rendu indemne ; par conséquent, il pourra prétendre à la totalité de ses déboursés. Il sera en droit de demander la décharge des obligations qu'il a contractées dans sa gestion. Le juge pourra même lui faire payer par le maître les intérêts de ses impenses quand cela lui paraîtra équitable : en effet, l'action de gestion d'affaires est de bonne foi.

CHAPITRE IX.

DES CONSTRUCTIONS ÉLEVÉES PAR DIFFÉRENTS MANDATAIRES.

1° *Par un mandataire en général.* Une distinction doit être faite.

1re *Hypothèse.—Le mandataire n'a point excédé les limites de ses pouvoirs.*

Il aura droit à se faire indemniser, au moyen de l'*actio mandati contraria*, jusqu'à concurrence de toutes les sommes qu'il aura dépensées ; plus généralement il devra être rendu indemne; ainsi, il pourra certainement prétendre aux intérêts de ses avances.

2e *Hypothèse. — Le mandataire a excédé les limites de son mandat.*

Il devra être considéré, en principe, comme un gérant d'affaires, et traité comme tel, pour tous les actes qu'il aura accomplis en dehors de ses pouvoirs ; pour tous ces actes, il faudra donc rechercher s'il y a eu bonne et utile gestion.

2° *Par un tuteur.* Le tuteur a certainement le droit d'employer les deniers du mineur à élever des édifices sur son terrain ; en effet, il a le droit de faire tout ce qu'un bon père de famille ferait pour la gestion de sa propre fortune. Ces pouvoirs lui sont conférés notamment par la loi 20 § 7 l. 20, t. 7 qui s'exprime dans les termes suivants : « *tutor, quantum ad providentiam pupillarem, domini loco haberi debet* ».

Or, il est incontestable qu'il peut être d'une très-bonne gestion de consacrer des fonds disponibles à la création d'un bâtiment.

Lorsqu'il aura ainsi élevé une construction avec l'argent de son pupille, en principe, un pareil emploi, ne pourra être attaqué par le mineur, arrivé à sa majorité.

Que s'il s'est décidé à construire, sans avoir en main les fonds suffisants pour payer les ouvriers et entrepreneurs, il nous semble qu'en principe, il faut admettre qu'il a outrepassé ses pouvoirs, et appliquer aux constructions qu'il aura ainsi édifiées les principes de la gestion d'affaires.

3° *Par un mari* 1° *sur les biens dotaux*. Il faut distinguer deux époques. Dans l'ancien droit, on n'admettait pas que les impenses, que le mari avait faites, en élevant des constructions sur le fonds dotal pussent donner lieu à une action contre sa femme soit de gestion d'affaires soit de mandat. Mais on lui permettait en général, au moins quand il les avait faites avec le consentement de sa femme, de les déduire sur le montant de la dot qu'il était tenu de restituer. C'est ce que nous dit Paul, dans la loi 8 l. 25, t. 2 Dig. en ces termes : « *utilium nomine ita faciendam deductionem dicunt, si voluntate mulieris factæ sint* ».

A partir de Justinien, cette *deductio* en raison des déboursés que le mari avait faits, en créant des constructions, n'existe plus ; par contre, le mari jouit d'une action pour toutes les dépenses utiles qu'il a pu faire, savoir, l'action contraire de mandat, si la femme a consenti à la création de l'édifice, et l'action contraire de gestion d'affaires, si *non intercedat mulieris voluntas*, à la condition, bien entendu, que *utiliter res gesta sit*.

2° *Sur les biens paraphernaux*. Le mari, n'ayant sur ces biens, ni droit d'administration ni droit de jouissance, doit être considéré comme un tiers ordinaire, qui élève des constructions sur le terrain d'autrui : il faut, dès lors, appliquer aux constructions, qu'il a élevées sur ces biens les règles du mandat ou de la gestion d'affaires.

DROIT FRANÇAIS.

TABLE DES MATIÈRES.

1° — PARTIE GÉNÉRALE.

2° — PARTIE SPÉCIALE.

DROIT FRANÇAIS.

1° — PARTIE GÉNÉRALE.

CHAPITRE PREMIER.

DANS QUELLE CLASSE DE BIENS IL FAUT RANGER LES CONSTRUCTIONS ÉLEVÉES SUR LE FONDS D'AUTRUI.

A vrai dire, les fonds de terre sont les seuls biens réellement immeubles par leur nature originelle, par les éléments propres dont ils se composent, les seuls, enfin, qui soient le produit de la nature; les bâtiments, les constructions ne sont que des œuvres d'art, fruits de l'industrie humaine, et ils ne constituent, si nous les analysons, qu'un assemblage de meubles; à la rigueur, ce ne sont donc point des immeubles par nature; néanmoins, le législateur, dans l'art. 518, leur a donné cette qualification; il a considéré que, quand ils adhèrent intimement au sol, ils participent à la nature de ce sol, dont ils sont devenus un accessoire : c'est avec raison, car l'union avec le sol étant une fois consommée, les matériaux, qui y sont incorporés, ont perdu leur individualité propre; juridiquement leur substance a en quelque sorte péri; ils se sont anéantis et confondus dans le sol, qui les a absorbés, et se les est assimilés, au point qu'ils en sont devenus une partie constitutive et intégrante ; désormais, il n'y a plus que le sol lui-même, et lui seul, tel quel, un sol bâti au lieu d'un sol nu, et non deux choses distinctes.

Et le législateur a rangé les constructions, élevées sur le sol, au nombre des immeubles par nature, sans distinguer si l'auteur du bâtiment est le propriétaire du sol lui-même, ou tout autre que lui. Une construction, élevée sur le sol, constituera donc un immeuble par nature, quand elle aura été créée par un non-propriétaire sur le terrain d'autrui, aussi bien que quand elle aura été établie par le propriétaire lui-même sur son propre fonds. Ainsi, l'édifice qu'établit un locataire, un fermier, ou un usufruitier sur le terrain loué, ou sur celui du nu-propriétaire, est un immeuble par nature, au même degré que l'édifice élevé par le bailleur ou le nu-propriétaire.

Au reste, il n'y a pas de motif pour distinguer entre les deux cas ; dans l'un comme dans l'autre cas, il n'y a plus de matériaux; le sol, par sa puissance d'attraction, leur a communiqué sa propre substance; nous ne voyons plus qu'un sol construit; qu'importe que ce soit le propriétaire du sol qui ait établi le bâtiment ou un tiers non-propriétaire ?

La construction, qu'un tiers élève sur le terrain d'autrui, est donc un immeuble par nature. Quelques auteurs, Toullier, notamment, ont contesté cette proposition; d'après lui (L. 2. *Distinction des biens*, § 11), les bâtiments sont immeubles, lorsqu'ils ont été bâtis par le propriétaire du sol ; ils ne sont donc pas immeubles, lorsqu'ils ont été construits par un autre que le propriétaire.

Nous répondrons à ce jurisconsulte, avec la doctrine, et la jurisprudence que, là où la loi ne distingue pas, le commentateur et le juge ne doivent pas distinguer non plus.

Mais, est-ce à dire que cette construction, élevée par le fermier ou l'usufruitier, plus généralement par un tiers, sur le fonds d'autrui, soit un immeuble *erga omnes*; c'est là une autre question, parfaitement distincte, que nous étudierons plus tard. Pour le moment, nous nous contentons de poser ce principe, à savoir que les constructions élevées sur un terrain constituent des immeubles par nature, quand bien même elles auraient été créées, par un non-propriétaire, sur le terrain d'autrui.

Mais, dira-t-on, aux termes formels des art. 522 et 524 du Code civil, il n'y a que le propriétaire du sol, qui puisse créer des immeubles par destination; le locataire, l'usufruitier, le non-propriétaire, en général, est impuissant à créer des immeubles par destination, et il pourrait créer des immeubles par nature, cela est contradictoire.

Il n'en est rien ; ces deux propositions ne présentent, entre elles, aucune antinomie.

Pour qu'un meuble devienne immeuble par destination, il est indispensable qu'il y ait entre lui et le fonds auquel il est attaché, un rapport durable de perpétuelle destination ; il faut que les animaux, que les ustensiles aratoires, par exemple, soient attachés à la ferme, pour son service et son exploitation, d'une manière permanente ; or, cette intention de destination permanente ne peut se présumer que chez le propriétaire du fonds. Cette présomption, nous ne pouvons pas l'établir, quand il s'agit d'un fermier ou d'un usufruitier ; nous ne pourrions l'établir que, s'il était réputé avoir voulu faire une donation ; or, les libéralités ne se présument pas. La présomption est que le locataire ou l'usufruitier, en plaçant des meubles sur le fonds, dont il n'a qu'une jouissance temporaire, n'a point eu du tout l'idée de s'en dessaisir, au profit du propriétaire de la ferme ou du nu-propriétaire. Il a voulu seulement exploiter la chose louée, ou sur laquelle il a un droit d'usufruit, l'améliorer, et la rendre plus productive.

Il est donc logique que le locataire, ou tout autre non-propriétaire, en général, ne puisse former des immeubles par destination. Il est rationnel, au contraire, qu'il puisse former des immeubles par nature : il ne peut pas empêcher, en effet, en construisant sur le fonds du bailleur ou de tout autre propriétaire, que ses meubles, qui ont changé de nature, ne soient devenus, désormais, une portion intégrante du sol, et ne participent à son caractère immobilier ; sa volonté, fût-elle contraire à cette immobilisation, viendrait se briser contre ce fait de l'absorption de ses meubles par le sol ; fait brutal, qui a anéanti, en quelque sorte, son droit sur les matériaux. Rien de pareil ne se produit quant aux animaux et ustensiles aratoires, employés à la culture ; ce sont encore des animaux et des ustensiles aratoires, bien qu'ils soient employés à l'exploitation de la ferme.

Il est constant que, le non-propriétaire, en construisant sur le terrain d'autrui, peut créer un immeuble par nature, mais, ces constructions qu'il élèvera, constitueront-elles toutes des immeubles par nature ?

Nullement : en effet une construction, par quelque personne qu'elle soit élevée, n'est un immeuble par nature, qu'autant qu'elle est incorporée au sol, dont elle fait partie constitutive. L'incorporation au sol est une condition *sine qua non* de toute immobilisation par nature. Si la loi exige cette condition, quand le propriétaire du sol construit sur son propre terrain, elle doit l'exiger aussi, au même titre, pour ne pas dire *a fortiori*, quand c'est tout autre que le propriétaire du sol, qui élève un bâtiment, pour que ce bâtiment soit un immeuble par nature.

Nous en déduirons les deux conséquences suivantes :

1° Ne seront point classées au nombre des immeubles par nature les constructions, élevées par le tiers non-propriétaire, qui ne sont point unies intimement au sol, par exemple, les constructions sans fondements ni pilotis, qu'il aura posées, en quelque sorte, seulement sur le sol, dans certaines circonstances : ainsi, ne sont certainement pas immeubles par nature les boutiques, les loges ou baraques, que les marchands élèvent dans les foires et marchés, sur la place publique. Nous en dirons autant des constructions de minime importance, que le fermier élève assez souvent pendant la durée de son bail, pour engranger ses récoltes.

2° La construction, élevée par le fermier, ou un autre non-propriétaire, ne sera plus un immeuble, quand elle aura cessé d'être incorporée au sol, par une raison ou par une autre, par exemple, lorsqu'elle aura été démolie ou incendiée.

Cette condition d'adhérence physique au sol, si elle est indispensable, pour que la construction constitue un immeuble par nature, est aussi une condition suffisante; en conséquence, les constructions, qu'un tiers élèvera sur le terrain d'autrui, constitueront des immeubles par nature, aussitôt qu'elles auront revêtu ce caractère de fixité, d'adhérence au sol (art. 532).

Il importe peu, pour l'application de notre règle, que l'intention du constructeur non-propriétaire ait été ou non contraire à l'immobilisation; ce serait en vain que le constructeur manifesterait l'intention de ne point créer un immeuble; ce qu'il ferait l'emporterait sur ce qu'il dirait. Il y a immobilisation, dès qu'il y a adhérence immédiate au sol, nonobstant toute volonté contraire.

La même solution doit être donnée, que le constructeur emploie, dans le bâtiment qu'il édifie, ses propres matériaux, ou des matériaux qui appartiennent à autrui, de bonne ou de mauvaise foi. Cette circonstance, qu'il a fait entrer dans la construction les matériaux d'autrui, ne peut pas faire que cette construction ne soit incorporée au sol, et ne revête un caractère immobilier.

Il y aura également immobilisation, quel que doive

être le propriétaire de la construction, qu'un tiers vient d'établir sur le terrain d'autrui ; que cette construction doive appartenir au propriétaire du sol, ou que, par exception, elle doive appartenir au constructeur, cela importe peu, attendu que la loi, dans l'art. 518, n'a fait aucune distinction.

Cette proposition est repoussée, notamment par Delvincourt et Toullier, qui prétendent qu'un bâtiment n'est immeuble qu'autant qu'il appartient au propriétaire du sol. L'idée de ces auteurs n'est nullement exacte. Un bâtiment peut très-bien être un immeuble, quand même il n'appartient point au propriétaire du sol. Qui m'empêche de vous vendre ma maison, en me réservant la propriété du terrain qui la porte, et en stipulant que, quand cette maison tombera, soit par accident, soit par vétusté, je reprendrai la jouissance de mon terrain?

Qui empêche le propriétaire d'un terrain nu de permettre à son voisin d'y faire un bâtiment, qui lui appartiendra, jusqu'à ce qu'il soit détruit, en stipulant que ce constructeur lui paiera tous les ans une certaine redevance. Des conventions de ce genre sont parfaitement légitimes. L'art. 664 en consacre la légitimité, en présentant une hypothèse, dans laquelle les différents étages d'une maison appartiennent à plusieurs propriétaires d'une manière exclusive.

Elles sont aussi permises par l'art. 553. Cet article présume que le propriétaire du sol est propriétaire des constructions qui y sont élevées, mais il admet que l'on peut faire la preuve contraire. La séparation de la propriété du sol d'avec celle des constructions est donc autorisée par la loi, et la construction peut très-bien appartenir à un autre qu'au propriétaire du sol.

L'opinion, que nous venons d'exposer, est celle de la majorité des auteurs, notamment de MM. Demolombe, Aubry et Rau et Pont.

Elle est consacrée, en outre, par d'assez nombreux monuments de jurisprudence. (V. un arrêt de la Cour d'appel de Paris du 30 mai 1864. Sirey 64. 2, 200.)

Le motif principal émis par les juges est que « les bâtiments sont, à raison de leur adhérence au sol, réputés, comme lui, immeubles par nature, attendu que l'art. 518 ne distingue pas entre les divers constructeurs. »

Il faut remarquer que, cette question laisse tout à fait intacte celle de savoir, qui, du constructeur ou du propriétaire du sol, devient propriétaire de la construction élevée sur le terrain d'autrui, et qu'il ne résulte nullement de notre proposition que le constructeur ait un droit réel immobilier sur le bâtiment qu'il a édifié.

Nous avons établi que les constructions élevées par un non-propriétaire constituent des immeubles par nature, quel qu'en doive être le propriétaire. Il faut aller plus loin, et dire qu'elles sont des immeubles par nature, quand bien même le constructeur se serait réservé la faculté d'enlever ses matériaux, le locataire par exemple, à la fin de son bail.

Cette faculté d'enlèvement n'empêche pas que, jusqu'à sa démolition, le bâtiment ne soit incorporé et uni intimement au sol, et ne fasse corps avec lui : l'adhérence intime au sol étant la cause de l'immobilisation, cette immobilisation doit exister aussi longtemps que l'incorporation existe. Au surplus, la loi ne fait aucune distinction.

En d'autres termes, les constructions sont des immeubles, qu'elles soient destinées à avoir une longue ou une courte durée, cela importe peu.

Supposons qu'un preneur ait obtenu de son bailleur l'autorisation de construire sur un terrain nu, et que ce bailleur ait renoncé au droit de faire valoir son droit à la propriété des constructions élevées sur son fonds, à la charge par le preneur de remettre les choses en bon état, après avoir enlevé ses constructions.

Ce preneur, comme nous le verrons plus tard (Ch. IV), a un droit immobilier frappant la construction, le droit du bailleur étant réduit à la propriété du sol, quelle que soit la durée du bail, dût-il prendre fin un instant de raison après que la construction aura été élevée.

Au reste, faisons observer que, dans la pratique, cette durée restreinte ne se présentera guère. Le locataire ne se décidera à faire des constructions un peu importantes, sur le terrain qu'il a loué, que quand son bail sera de longue durée, afin qu'il puisse être dédommagé des impenses faites dans la construction, qu'il aura édifiée, par une longue jouissance de cette construction, et de la perte qu'il subira plus tard, s'il vient à être contraint de l'enlever.

Cette doctrine est celle de la majorité des auteurs, et elle s'appuie sur de nombreux arrêts. (V. Sirey, 50, 2, 647; 64, 2, 266)

Notre proposition sera encore vraie, alors même que le propriétaire du sol est étranger, et bien que le constructeur soit lui-même étranger. Les immeubles, qui appartiennent à des étrangers, sont, en effet, régis par la loi française (art. 3); et l'art. 518, qui ne fait aucune distinction entre les différents constructeurs ou propriétaires du terrain, sur lequel une construction est faite, est une loi de statut réel, et, par conséquent, applicable quelle que soit la nationalité du propriétaire du sol ou du constructeur. Au reste, toute distinction entre les Français et les étrangers eût été irrationnelle; l'art. 518, qui met dans la même classe de biens que le sol, les constructions qui y sont élevées, parce que la construction ne fait plus qu'une seule et même chose avec lui, est puisé dans la nature des choses, et se retrouvera dans presque toutes les législations.

Pareillement, les édifices, adhérant intimement au sol, élevés par un tiers non-propriétaire, sont des immeubles par nature, peu importe à qui appartient le sol, sur lequel ils sont établis, qu'il appartienne à des particuliers ou à des personnes morales, à l'État, par exemple, aux communes, aux départements, à une société commerciale, ou à une société fondée dans un intérêt général.

Ils seront aussi immeubles, nonobstant l'inaliénabilité du sol, sur lequel ils reposent, et, alors même qu'ils seraient créés sur un terrain, qui n'est pas dans le commerce, par exemple, sur le domaine public d'une commune.

Mais si ces constructions, envisagées en elles-mêmes, et dans leur caractère, constituent, en réalité, des immeubles par nature, s'ensuit-il qu'elles doivent être considérées comme étant des immeubles à l'égard de tout le monde? spécialement, sont-elles des immeubles ou des meubles, vis-à-vis le constructeur qui les a établies sur le fonds d'autrui?

Cette question est très-étendue; pour y répondre, il faudrait l'examiner dans la personne de chacun des constructeurs, qui peuvent bâtir sur le fonds d'autrui, mais ce n'est point ici le lieu de les passer tous en revue. Nous nous bornerons à poser pour le moment la règle suivante :

La construction est un immeuble, à l'égard du constructeur, qui peut prétendre sur le fonds à un droit réel, ou sur la construction qu'il a élevée, à un droit de superficie, par suite de la renonciation du propriétaire du sol au bénéfice de l'accession; elle n'est point un immeuble, au contraire, à son égard, s'il ne peut prétendre soit à un droit de superficie sur la construction qu'il a élevée, soit même à un droit réel sur le fonds.

Si, en effet, le constructeur a un droit de superficie sur la construction, qu'il a élevée, il a, comme nous le verrons plus tard (Ch. IV), un véritable droit de propriété sur elle; il peut dire : Cette maison est à moi, comme le propriétaire du sol peut dire : Le sol qui soutient cette maison est à moi. Il a une véritable propriété immobilière par sa nature.

S'il a un droit réel sur le sol, par exemple, un droit d'usufruit, il aura également un droit d'usufruit sur la construction; ce droit d'usufruit portera sur un immeuble par nature; le caractère immobilier du droit de l'usufruitier sur le terrain s'étendra aux bâtiments qu'il a élevés, et il jouira de ces bâtiments, au même titre, qu'il jouit du sol.

Dans le cas où le constructeur ne pourra faire valoir ni un droit de superficie, ni même un droit réel sur le terrain, son droit, à l'occasion des constructions, ne sera que mobilier ; il n'aura droit, comme nous l'établirons plus loin, qu'à des matériaux ou à une indemnité en argent, deux choses essentiellement mobilières.

Prenons, pour exemple, le locataire. Ce locataire n'a, selon nous, qu'un droit personnel de jouissance sur le terrain loué ; il n'aura, dès lors, qu'un droit personnel et mobilier sur la construction qu'il élèvera à grands frais, abstraction faite, bien entendu, de la renonciation du propriétaire bailleur au bénéfice de l'accession.

Cette règle, que nous venons de poser, a été contestée par la doctrine et la jurisprudence, notamment à l'égard du locataire. Il a été souvent décidé, en effet, que la construction élevée par un fermier, constituait, à son égard, un immeuble par nature.

Elle présente un intérêt considérable ; si l'on admet, comme nous, que le fermier, par exemple, qui a construit, n'a point de droit immobilier sur la construction, il en résultera notamment :

1° Que son droit est insusceptible d'être donné en antichrèse et d'être hypothéqué.

2° Qu'il ne peut être saisi immobilièrement.

3° Que, s'il a été lésé de plus des 7/12 dans la vente de ce droit, il ne pourra pas se plaindre.

4° Que ce droit n'appartiendra pas au légataire des

immeubles et ne tombera pas dans la communauté légale.

5° Que s'il est vendu, la vente ne sera passible que des droits de vente des meubles.

Si, au contraire, on admet que, même à l'égard du fermier, la construction constitue un immeuble par nature, des conséquences, en sens opposé, se produiront forcément.

Il faut remarquer, au surplus, que les constructions ne sont point des immeubles sous tous les rapports. Elles ne constituent des immeubles par nature qu'autant qu'on les envisage dans leur union intime avec le sol, que comme adhérant au sol, au point d'en faire partie constitutive. Elles ne sont point des immeubles, si on les considère abstraction faite du sol qui les soutient, dans l'état futur et dans l'individualité distincte, que leur donnera leur séparation d'avec le sol. Lorsque, par exemple, nous considérons une maison comme devant être démolie, au point de vue des matériaux qui proviendront de sa démolition, nous y voyons non point une maison, mais des pierres, du bois, du fer, des *res singulæ*, des meubles, en d'autres termes.

Si le propriétaire du sol vient à vendre la construction, qu'un tiers a élevée sur son terrain, il y aura là une vente mobilière; l'acheteur acquerra non point une construction attachée au sol, mais seulement le droit de démolir la construction, et d'en enlever les matériaux.

Il en faut dire autant, quand le locataire, s'étant réservé le droit d'enlever sa construction, à la fin du bail, cède ce bâtiment pour être démoli.

Dans l'une et l'autre de ces deux hypothèses, et dans toutes les hypothèses analogues, où les bâtiments sont considérés au point de vue de leur séparation d'avec le sol, nous devons les ranger dans la classe des meubles. Il en résultera notamment :

1° Que l'administration de l'enregistrement ne sera pas recevable à réclamer des droits de mutation immobilière pour une vente, ou, plus généralement, une disposition, soit à titre gratuit, soit à titre onéreux, d'une construction destinée à être démolie. C'est à tort que plusieurs arrêts ont été rendus en sens contraire, et que la Cour de cassation a longtemps traité ces sortes de dispositions, comme étant immobilières.

La circonstance, toute extérieure et accidentelle, qu'aucun délai n'aurait été fixé pour la démolition de l'édifice, ou que la démolition n'aurait pas eu lieu dans le délai fixé par les parties, serait impuissante à changer l'objet de la transmission. (Cassation, 12 mai 1824.)

Il faut aller plus loin, et dire qu'il en serait ainsi, en l'absence de toute idée de fraude, alors même que la disposition du sol, la vente par exemple, aurait eu lieu après la vente de la maison, et au profit du même acheteur.

La Cour de cassation a donné une pareille décision dans l'hypothèse suivante. Une personne avait acquis les arbres d'une forêt pour être abattus; elle avait acheté ensuite le sol. L'administration de l'enregistrement prétendait que, le même individu se trouvant alors, en définitive, acquéreur de l'immeuble conservé tout entier, et dans toutes ses parties, devait payer le droit de mutation immobilière pour l'immeuble tout entier, et dans toutes ses parties; que cela devait être 1° parce que, en réalité, il était acquéreur de tout l'immeuble, 2° parce que, s'il en était autrement, rien ne serait plus facile que de frauder le fisc, en simulant ainsi des ventes détachées de la superficie, qui seraient immédiatement suivies de la vente du sol lui-même.

Cette argumentation était sérieuse, surtout au point de vue fiscal, et il faut que la Cour de cassation ait été bien convaincue de la vérité de notre principe, à savoir que la vente séparée des objets adhérant au sol, spécialement des matériaux composant un édifice, sous la condition d'en être séparés, ne constitue qu'une vente mobilière.

La Cour suprême a pensé :

1° Que, le caractère une fois déterminé de cette vente, telle qu'elle avait eu lieu, n'avait pas pu être rétroactivement changé par un fait postérieur;

2° Que la fraude ne se présumait pas, et qu'elle devait être prouvée; que, dans l'espèce, cette preuve n'était pas faite par l'administration ;

3° Qu'au surplus, il n'y a pas fraude à faire ce que la loi ne défend pas.

On peut ajouter fort justement, avec MM. Championnière et Rigaud que, sans doute, une vente simultanée serait plus profitable au trésor, mais qu'elle serait plus onéreuse aux parties, et que rien n'oblige celles-ci à préférer l'intérêt du fisc à leur intérêt propre.

Cette décision, rendue à propos d'une vente de coupe de bois, suivie de la vente du sol, est trop conforme aux principes, pour que nous ne l'étendions pas au cas, où une construction a été vendue, pour être démolie, et qu'ensuite, le sol a été vendu au même acheteur.

Il en résultera 1° que l'art. 1141 du Code civil sera applicable à notre hypothèse.

2° Que de pareilles dispositions ne sont point soumises à la formalité de la transcription.

3° Que l'art. 1622, qui frappe d'une déchéance exceptionnelle, l'action en supplément ou en diminution du prix, dans la vente immobilière, ne s'appliquera point.

CHAPITRE II.

LE PROPRIÉTAIRE DU SOL EST, EN PRINCIPE, PROPRIÉTAIRE DES CONSTRUCTIONS ÉLEVÉES SUR SON TERRAIN PAR AUTRUI.

Lorsqu'une personne élève une construction sur un terrain qui ne lui appartient pas, qui est propriétaire de cette construction? Est-ce le propriétaire du sol? Est-ce, au contraire, celui qui a fourni les matériaux et la main-d'œuvre, en d'autres termes, le constructeur?

Le droit romain avait proclamé, dans de nombreux textes, que le propriétaire du sol était propriétaire des constructions, qu'un autre élevait sur son terrain. « *Si quis in solo alieno ædificaverit*, répétaient à l'envi tous les jurisconsultes, *ædificium illius fit cujus et solum.* » C'est au propriétaire du sol, et non au constructeur, que doit revenir la construction faite, par un tiers, sur le fonds d'autrui, en vertu de la maxime : « *omne quod inædificatur solo cedit.* »

Cette maxime romaine « qui a le sol a les bâtiments, » avait passé, du droit romain, dans notre ancien droit.

Qu'ont fait les rédacteurs du Code? Ont-ils innové sur le droit romain et sur l'ancien droit, en attribuant au constructeur la propriété des constructions qu'il a bâties, à ses frais, sur le fonds d'autrui, à l'exclusion du propriétaire du sol, ou bien, ont-ils admis purement et simplement les anciens principes?

Ils ont consacré les errements de l'ancien droit et du droit romain; cela résulte de nombreux textes, notamment :

1° De l'art. 546, d'après lequel la propriété d'une chose principale entraîne à elle la propriété de la chose accessoire, qui y est unie ou incorporée; or, la construction est certainement une chose accessoire par rapport au sol; le sol peut très-bien se passer de la construction; la construction, au contraire, ne peut exister sans le sol.

2° De l'art. 552, qui étend la propriété du sol à la propriété du dessus, de ce qui est placé à la surface, à la construction, par conséquent.

L'un et l'autre de ces deux articles ne distinguant nullement, par qui a été établie la construction, elle appartient donc au propriétaire du sol, et non point au constructeur.

3° De l'art. 553, qui établit une présomption de propriété, en faveur du propriétaire du sol, quand bien même la construction a été élevée par un autre que lui.

4° Et enfin, de l'art. 555, qui dispose que, le propriétaire du sol, peut conserver les constructions, qu'un autre que lui y a édifiées, malgré la volonté contraire du constructeur. S'il peut retenir ces constructions, il en est donc bien propriétaire.

En principe, donc, le propriétaire du sol est propriétaire des constructions, qui ont été créées, par autrui, sur son terrain, quel qu'en soit le constructeur.

Cette règle n'a assurément rien d'irrationnel. Que le propriétaire du sol soit propriétaire des constructions, qu'y a établies un entrepreneur, avec lequel il a fait marché; qu'il acquière la propriété des édifices, que son mandataire a construits, sur son terrain, par son ordre; qu'un mineur devienne propriétaire des constructions, que son tuteur a jugé à propos de construire, sur son fonds, avec l'excédant de ses revenus; plus généralement, qu'il soit propriétaire des bâtiments qu'un tiers, mandataire, soit légal, soit conventionnel, soit judiciaire, ou gérant d'affaires, établit sur son terrain, et dans son intérêt personnel, pour lui, et dans l'intention de lui faire acquérir ces constructions, il n'y a là, à coup sûr, rien que de très-naturel. C'est le cas de dire, avec les jurisconsultes romains : « *Nihil est tam conveniens naturali æquitati quam voluntatem domini, volentis rem suam in alium transferre, ratam haberi.* »

Pour quel motif, la loi s'opposerait-elle à ce que le propriétaire du sol acquière la propriété des constructions, qui y ont été créées pour lui, et pour lui seul ?

Le constructeur, dans ces différents cas, a l'intention de rendre propriétaire des constructions le propriétaire du terrain, sur lequel il les élève; son intention, n'ayant rien que de très-légitime, doit être exécutée.

Mais, l'attribution au propriétaire du sol des bâtiments, que j'établis sur un fonds, que, par erreur, je croyais mien, pour moi, avec mon industrie, avec mes matériaux, et sur un fonds que j'avais raison de considérer comme mien, parait moins légitime et moins naturelle.

De même, quand j'ai construit sciemment sur le fonds de mon voisin, mais avec le dessein d'exclure et du sol et de la construction le véritable propriétaire.

Dans ces deux hypothèses, en effet, j'ai fait la construction pour moi, je l'ai appropriée à mes besoins; j'ai entendu faire mon affaire, et non celle de mon voisin.

On concevrait très-bien que, dans ces deux hypothèses, et dans d'autres analogues, le législateur eût accordé, par exemple, un droit de copropriété avec le propriétaire du sol au constructeur, droit proportionné à la valeur respective du sol et des constructions qui y sont élevées.

On pourrait aller plus loin, et admettre que le législateur eût pu, sans trop blesser la justice et le droit, accorder au constructeur la pleine propriété du sol et de la construction, à la charge par lui bien entendu, d'indemniser dûment le propriétaire du sol, en raison de l'expropriation qu'il aurait subie.

Il n'y aurait rien qui parût choquant dans cette attribution, surtout lorsque la construction a une valeur considérable, et que le terrain, sur lequel elle a été créée, est un terrain improductif et inculte.

Mais le législateur du Code, imitant, en cela, le législateur romain et celui de l'ancien droit, en a décidé autrement.

Il a attribué, en principe, la propriété de la construction au propriétaire du sol, et non point au constructeur, sans faire aucune distinction entre les diverses constructions et les divers constructeurs.

A notre avis, cette attribution, même, dans les hypothèses spéciales, que nous venons de faire, en dernier lieu, est fort sage.

D'abord, l'attribution d'un droit de copropriété au constructeur aurait donné naissance à des querelles, toujours funestes à l'intérêt général de la société. L'indivision, tout le monde le sait, est une source de chicanes et de procès. Pour les écarter, la loi a donc dû repousser toute communauté entre le propriétaire du sol et le constructeur.

Que si la loi eût reconnu le constructeur comme propriétaire des constructions, qu'il a élevées à ses frais, elle eût consacré, en réalité, une grande injustice. Un propriétaire se serait vu, en effet, dépouillé de son bien, sans son consentement, d'un bien auquel il tenait peut-être beaucoup, sans avoir aucune faute à se reprocher; et au profit de qui? Au profit d'un constructeur qui a violé la propriété d'autrui, sachant très-bien qu'il construisait sur un fonds qui n'était pas à lui, ou qui, du moins, peut avoir quelque faute à se reprocher.

La propriété, qui est chose sacrée, n'eût plus été pour le propriétaire du sol qu'un vain mot.

L'admission de la copropriété étant repoussée à juste titre, et la loi, ayant à choisir entre le propriétaire du sol, qui n'est pas en faute, et le constructeur, a dû opter pour le premier, quant à la propriété des constructions élevées sur son terrain.

Cette attribution a lieu, à son profit, sans qu'il soit

fait de distinction quant à leur importance. Elles lui appartiennent, alors qu'elles ont nécessité des impenses considérables, aussi bien que quand elles n'ont que très-peu d'importance.

De même, quelle que soit leur valeur, par rapport à la valeur du sol.

En ne distinguant point, le législateur a fermé la porte aux procès, qui n'auraient pas manqué de surgir, s'il avait distingué, entre le cas où la construction a une bien plus grande valeur que le sol, et celle où le sol aurait plus de prix que la construction.

D'ailleurs, si le propriétaire du sol devient propriétaire des constructions, qu'un autre a élevées sur son fonds, à ses frais, il n'en devient pas propriétaire, sans bourse délier. Comme nous le verrons plus tard, le constructeur aura contre lui une action en indemnité, jusqu'à concurrence de la somme qu'il a dépensée en matériaux et en main-d'œuvre, ou seulement jusqu'à concurrence de la somme représentant la mieux-value ajoutée au fonds par la construction. Il eût été inique, en effet, que le propriétaire du sol eût pu s'enrichir aux dépens du constructeur.

Nous avons dit que le propriétaire du sol n'était, qu'en principe, propriétaire des constructions, qu'un autre y avait élevées ; il fallait, pour être dans le vrai, ajouter « en principe », car le propriétaire du sol n'est point nécessairement propriétaire des constructions bâties, sur son terrain, par autrui ; il peut très-bien ne pas avoir la propriété de ces édifices. Il n'y a rien, en effet, dans la loi, qui l'empêche de renoncer au droit que la loi lui confère. Bien plus, l'art 553 et l'art. 664 l'autorisent à renoncer à ce droit.

Le constructeur peut donc être propriétaire des constructions, qu'il a élevées sur le terrain d'autrui, à l'exclusion du propriétaire du sol; mais ce n'est là que l'exception; il reste vrai, qu'en principe c'est le propriétaire du sol, qui devient propriétaire des constructions, élevées sur son fonds, par autrui, à l'exclusion du constructeur.

Faisons remarquer qu'il importe peu, pour l'application de notre règle, que le constructeur ait cru construire sur un fonds, qu'il regardait comme le sien, soit qu'il eût ou non de bonnes raisons de penser ainsi; qu'il ait voulu ou non construire pour lui. Il y a plus; elle s'appliquera, quand bien même le constructeur aura manifesté hautement l'intention, que la propriété de la construction, ne soit point attribuée au propriétaire du sol; sa volonté, étant contraire à la loi, doit être considérée comme n'existant point.

Le propriétaire du sol deviendra propriétaire des constructions, élevées par autrui sur son fonds, qu'il sache que l'on construit sur son terrain ou qu'il l'ignore; s'il est absent, par exemple, ou mineur, aussi bien que s'il est présent et majeur, et qu'il voie les travaux s'effectuer. C'est la puissance de la chose principale, absorbant la chose accessoire, qui rend propriétaire en matière d'accession, sans qu'il soit besoin d'aucune manifestation de volonté. Ce n'est pas par mon fait que je deviens propriétaire de la construction bâtie, sur mon fonds, par un tiers; c'est mon sol qui, *vi ac potestate sua*, acquiert, pour moi, cette construction.

Il faut même dire que, le propriétaire du sol deviendra propriétaire de la construction, nonobstant la prohibition qu'il aurait signifiée au tiers de bâtir sur son terrain; la loi ne distingue pas, et ne devait pas distinguer, si le propriétaire du sol a ou non voulu empêcher la construction. Sa défense ne peut pas faire que son sol n'ait anéanti les matériaux du constructeur, qui n'existent plus comme matériaux. Le bâtiment étant élevé, il n'y a plus qu'un sol construit, et non deux choses distinctes, qui lui appartient, parce que le constructeur ne peut point élever de prétention sur la propriété des matériaux qui sont entrés dans la construction, ces matériaux ayant péri. Sa prohibition n'a rien pu contre ce fait de l'incorporation du bâtiment au sol, fait qui le rend propriétaire de la construction comme du sol.

Il importe peu, également, pour l'application de notre principe, que le constructeur ait employé ses propres matériaux, ou les matériaux d'autrui, et que, ces matériaux, appartenant à autrui, il les ait employés de bonne ou de mauvaise foi. L'art. 555, qui accorde au propriétaire du sol, la propriété de la construction faite par autrui, suppose, il est vrai, que le constructeur a employé des matériaux qui étaient à lui, mais il ne faudrait pas en conclure, par argument *a contrario*, que le propriétaire du sol n'a pas le droit de conserver les constructions élevées par autrui, quand des matériaux, qui n'appartenaient pas au constructeur, seraient entrés dans la construction.

Les art. 546, 552, 553, qui accordent au propriétaire du sol, la propriété des bâtiments élevés sur son terrain, ne distinguent nullement, si c'est avec les matériaux d'autrui, ou avec ses propres matériaux, que le constructeur a édifié le bâtiment.

Au reste, il n'y a pas lieu de distinguer, car, dans un intérêt d'ordre public, le législateur français, pas plus que le législateur romain, n'a admis que le propriétaire d'une poutre ou d'une pierre pût détruire un bâtiment, parce qu'il a une poutre ou une pierre dans ce bâtiment (arg. de l'art. 554).

Lorsque le constructeur, en bâtissant sur le fonds d'autrui, aura employé dans sa construction les matériaux de son voisin, il n'y aura lieu qu'à une question de dommages et intérêts, à vider entre lui et ce voisin.

Notre règle s'appliquera, quelle que soit la nationalité du propriétaire du sol et celle du constructeur, quand bien même le propriétaire du sol et le constructeur seraient étrangers. En effet, la loi qui attribue au propriétaire du sol la propriété des constructions, qu'un autre y a élevées, est une loi de statut réel [illegible] dès lors, applicable aux étrangers aussi bien qu'a[illegible]ançais.

Elle sera aussi applicable, à quelque personne qu'appartienne le terrain, sur lequel un autre que le propriétaire du sol a construit. La commune, le département, l'État, les autres personnes morales, peuvent, comme un simple particulier, user du bénéfice qui est accordé au propriétaire du sol; comme les simples particuliers, ces personnes sont propriétaires des constructions bâties, par autrui, sur le sol qui leur appartient.

De même, que le terrain, sur lequel un tiers a bâti, soit aliénable ou non, qu'il soit dans le commerce ou non. Ainsi, lorsqu'une personne aura bâti sur une place publique, sur un terrain dépendant d'une place de guerre, ou sur les bords de la mer, par exemple, plus généralement, sur une dépendance quelconque du domaine public, l'État, la commune ou le département seront parfaitement recevables à dire que cette construction leur appartient, et qu'ils veulent la conserver. La circonstance, que le terrain, sur lequel repose la construction, est insusceptible de propriété privée, n'empêche nullement l'application des art. 551, 552, 553 et 555.

En résumé, dans les différentes hypothèses que nous venons de parcourir, nous n'avons pas distingué, et nous avons appliqué notre règle : « qui a le sol a les bâtiments » parce que la loi ne distingue pas, et qu'au surplus, il n'y a aucune raison de distinguer.

CHAPITRE III.

EN QUEL SENS, ET SOUS QUELS RAPPORTS LE PROPRIÉTAIRE DU SOL EST PROPRIÉTAIRE DES CONSTRUCTIONS ÉLEVÉES PAR AUTRUI SUR SON TERRAIN.

Nous pouvons dire, d'une manière générale, que le propriétaire du sol est, au moins, propriétaire des bâtiments, élevés par autrui sur son fonds, en ce sens qu'il a le droit de les conserver à titre d'accession; qu'il peut réclamer son terrain tel qu'il se trouve, avec les constructions qui y sont établies, en d'autres termes, qu'il a le droit d'empêcher le constructeur de les démolir, pour s'approprier les travaux que ce dernier a exécutés.

Cette proposition résulte de l'art. 555; en effet, le § 1er dit ceci : « Le propriétaire du fonds a le droit de retenir les constructions qui ont été faites par un tiers avec ses matériaux. »

Elle résulte 2° des principes généraux qui gouvernent la propriété; si, aux termes des art. 546, 551, 552, 553, le propriétaire du sol est propriétaire des constructions, qu'un tiers élève sur son fonds, il est bien évident qu'il peut faire valoir son droit de propriété. Le législateur ne peut pas lui avoir donné un pareil droit sur la construction, et lui avoir refusé, en même temps, la faculté de l'exercer.

Il faut reconnaître qu'avant qu'il ait manifesté l'intention d'user de son droit d'accession, le droit de propriété du propriétaire du sol, sur la construction, est incertain et précaire ; ce droit de propriété peut très-bien lui échapper : en effet, comme nous l'établirons plus loin (chapitre V, règle 2°), tout constructeur a, en général, le droit de détruire ce qu'il a édifié, avant toute réclamation de la part du propriétaire du sol, à la condition de remettre les lieux dans l'état où ils étaient, avant la création de la construction. Si donc, mon locataire, ou l'usufruitier, à qui j'ai cédé un droit de jouissance sur mon terrain, viennent à y élever des bâtiments, j'agirai prudemment, en usant, avant la fin du bail ou la mort de l'usufruitier, du droit que la loi m'accorde, de prendre pour moi ces constructions ; d'un jour à l'autre, en effet, le locataire et l'usufruitier peuvent démolir les bâtiments, qu'ils ont édifiés sur mon terrain, pour m'empêcher de profiter d'une construction qui me convient, et que j'aurais grand intérêt à conserver.

Mais, lorsque le propriétaire du sol a déclaré qu'il entendait conserver les constructions, qu'un tiers a créées sur son fonds, son droit est, au contraire, certain et stable, d'incertain et précaire qu'il était auparavant. C'est, désormais. un vrai droit de propriété qu'il a, sur la construction élevée par autrui, le constructeur ne pouvant plus, en principe, démolir cette construction, dont il veut profiter.

Sans doute, quand le propriétaire du sol, refusera d'indemniser le constructeur des impenses qu'il a faites, ce constructeur aura la faculté d'enlever ses matériaux ; mais, c'est là un résultat qu'il peut éviter, en indemnisant le constructeur, pour qu'il ne s'enrichisse pas à ses dépens. Nonobstant cette éventualité de destruction de la construction par le constructeur, il n'en reste pas moins acquis comme certain que, désormais, son droit n'est plus à la merci du constructeur, qui ne peut plus enlever ses matériaux, sans violer le droit véritable et réel du propriétaire du sol, qui frappe sur la construction comme sur le sol. Dorénavant, son droit est irrévocable, définitif : le constructeur aura beau dire qu'il ne veut pas que la construction qu'il a élevée, à ses frais et avec ses propres matériaux, devienne la propriété du propriétaire du sol ; sa volonté, étant contraire à la loi, il n'en sera tenu aucun compte.

Que s'il s'avise, malgré la déclaration du propriétaire du sol, d'anéantir ce qu'il a édifié, il devra être traité, en principe, comme toute personne qui démolirait l'édifice qui appartient à son voisin.

De cette proposition, que le propriétaire du sol, qui a manifesté l'intention de prendre pour lui les constructions, qu'un tiers y a établies, est désormais réellement propriétaire de ces constructions, il résulte qu'il peut, en général, faire sur ces immeubles, tous les actes qu'un propriétaire peut faire sur sa chose. Ainsi, il peut :

1° Aliéner ces bâtiments, soit à titre gratuit, soit à titre onéreux, par acte entre-vifs ou par acte de dernière volonté. Et les aliener, en tout, ou seulement en partie, les grever d'un droit d'usufruit ou d'habitation, ou d'une servitude réelle, par exemple, de la servitude *non altius tollendi* ou *tigni immittendi*;

2° Se faire de cette construction un moyen de

crédit, en la donnant en antichrèse, ou en l'hypothéquant ;

3° En disposer matériellement, la renverser, si bon lui semble ;

4° Exercer sur elle des actes d'administration, comme sur toute autre chose, qui est dans son patrimoine, la donner à loyer par exemple ;

5° Plus généralement, exercer, sur cette construction, tous les droits qui découlent du droit de propriété ; intenter l'action en revendication sur cet immeuble, l'action négatoire, réclamer, en sa faveur, une bonne qualité, qui le rende plus commode, une servitude de vue, de passage ou de puisage ; user, à son occasion, des actions possessoires, si le tiers constructeur ne possède pas cette construction en son nom personnel, mais seulement à titre précaire.

Il est bien entendu que, si le constructeur avait quelque droit sur le fonds, un droit réel de jouissance, par exemple, ou un simple droit à l'occasion du sol, un *jus ad rem*, s'il s'agissait d'un locataire, il ne serait pas loisible au propriétaire du sol d'user de tous les droits que nous venons d'énumérer, à supposer qu'il fût obligé de garantir au constructeur la jouissance paisible du droit personnel ou réel, qui lui compète. Dans cette hypothèse, où il est tenu à garantie, le propriétaire du sol ne pourra exercer que les actes de maître, qui sont conciliables avec le respect dû à la jouissance actuelle du constructeur, à laquelle il a droit sur la construction, aussi bien que sur le sol. Ainsi, le nu-propriétaire, qui aura vendu la maison, construite par l'usufruitier, ou qui l'aura louée, ne pourra en dessaisir l'usufruitier que quand sa jouissance aura pris fin.

De même, le bailleur sera parfaitement en droit de vendre la construction, élevée par son preneur, mais, ce dernier ne pourra être dépossédé qu'à la fin du bail, en principe, du moins.

Le propriétaire du terrain, qui est propriétaire des bâtiments, qui y ont été élevés par autrui, l'est-il d'une manière nécessaire ?

Point du tout. Il ne l'est pas d'abord, en ce sens, qu'il peut très-bien renoncer au bénéfice, que la loi lui accorde dans les art. 546, 551, 552, 553 et 555 ; il lui est parfaitement loisible d'abdiquer ce droit d'accession. En droit romain, d'après le droit civil, il n'en était pas de même ; le propriétaire du sol devenait forcément propriétaire des édifices, qu'un tiers y élevait. C'était en vain que le propriétaire du sol abandonnait son droit d'accession ; c'était en vain qu'il accordait au constructeur le droit de construire sur son terrain, et d'avoir pour lui la propriété des constructions qu'il avait édifiées ; la loi ne tenait aucun compte de sa renonciation.

Mais cette règle, que le propriétaire du sol était nécessairement propriétaire des constructions, qui y avaient été établies par autrui, avait fini par paraître trop attentatoire à la liberté des conventions ; aussi, le préteur avait-il admis que la propriété des constructions pouvait très-bien être séparée de la propriété du sol ; et, qu'en conséquence, le propriétaire du sol pouvait renoncer, au profit du constructeur, à son droit de propriété sur la construction.

La maxime romaine : « *Omne quod inædificatur solo cedit* » qui, dans la législation prétorienne, n'était point d'ordre public, ne devait pas l'être non plus, à plus forte raison, dans notre ancien droit, où la propriété pouvait se décomposer, et se démembrer à la volonté des parties.

Dans notre législation actuelle, il faut reconnaître que, si le principe de la décomposition de la propriété, selon le bon vouloir des parties, a été écarté, il n'en est pas moins vrai que le propriétaire du sol peut très-bien renoncer au bénéfice de l'accession, en faveur du constructeur.

Il est de principe, en effet, qu'une personne peut toujours abdiquer un droit, qui est établi en sa faveur, à moins de disposition prohibitive ; or, rien dans le Code ne défend au propriétaire du sol de renoncer, au profit du constructeur, au bénéfice du droit d'accession. Loin de là ; les art. 553 et 664 l'autorisent clairement à y renoncer, le premier, en disposant que la présomption de propriété des constructions élevées sur le sol, établie au profit du propriétaire du terrain, n'est point absolue, et peut être écartée par la preuve contraire ; le second, en supposant que les différents étages d'une maison peuvent appartenir à diverses personnes, le rez-de-chaussée à une personne avec le sol par exemple, et le premier et le second à deux autres.

Le propriétaire du sol n'est point propriétaire des constructions, élevées par autrui, sur son terrain, d'une manière nécessaire, sous le rapport que nous venons d'indiquer ; il n'est pas propriétaire non plus, malgré lui, sous un autre rapport, en ce sens que, s'il peut très-bien conserver et prendre pour lui le bâtiment, que le constructeur a élevé sur son fonds, à ses frais, il n'y est point forcé, en principe du moins. Le constructeur ne peut le contraindre à garder, bon gré malgré lui, les constructions qu'il a créées ; en d'autres termes, comme nous l'établirons plus loin (ch. V), il est en droit d'obliger le constructeur à enlever ce qu'il a édifié, en remettant les choses dans l'état où elles étaient avant la construction. Mais ce n'est là encore qu'une règle générale, à laquelle il y a des exceptions. Il y aura tel cas, où il ne lui sera pas permis de contraindre le constructeur à démolir, où, bon gré mal gré, il sera tenu de conserver les constructions créées par autrui.

En résumé, pour que le propriétaire du sol soit réellement propriétaire des constructions, faites par autrui, sur son terrain, et puisse exercer tous les avantages attachés au droit de propriété, il est indispensable qu'il déclare qu'il veut user du bénéfice d'accession.

D'ailleurs, comme toute expression de volonté, en général, sa déclaration peut être faite, d'une manière expresse ou d'une manière tacite.

Ainsi, il manifestera, d'une manière suffisante, l'intention d'user du bénéfice d'accession, quand il donnera cette construction en hypothèque ; s'il hypothèque un bâtiment, c'est qu'évidemment il veut le conserver et le retenir pour lui.

Il faut en dire autant, quand, à la fin du bail, par

exemple, ou à la mort de l'usufruitier, il réclamera la restitution de son fonds, tel qu'il se trouve.

De même, quand il revendiquera entre les mains d'un possesseur, soit de bonne, soit de mauvaise foi, sa propriété, son fonds, avec toutes ses appartenances et dépendances, son fonds tel qu'il se trouve.

Est-il nécessaire, pour que son intention soit valablement déclarée, et, qu'en conséquence, le constructeur n'ait plus le droit de démolir ce qu'il a construit, qu'il fasse signifier par huissier à ce constructeur, qu'il entend garder pour lui la construction qui repose sur son terrain? ou bien le constructeur sera-t-il suffisamment averti par un acte extrajudiciaire?

Nous pensons qu'un acte extrajudiciaire ne peut suffire.

La nécessité d'un acte judiciaire nous paraît résulter de ce principe de droit, qu'une déclaration n'existe, en réalité, aux yeux du législateur, qu'autant qu'elle a été notifiée par un officier public compétent, que, faite par un simple particulier, cette déclaration n'a aucune valeur, et peut être tenue comme non avenue.

Ainsi le locataire, selon nous, ou l'usufruitier, qui a construit sur le terrain du bailleur ou du nu-propriétaire, pourra très-bien ne pas tenir compte de la déclaration verbale ou par lettre, qui lui aura été faite par le bailleur ou le nu-propriétaire.

L'un et l'autre de ces constructeurs pourront passer outre et démolir, sans être, en principe, tenus à aucuns dommages et intérêts, à l'occasion de la démolition du bâtiment, si les choses ont été remises dans leur ancien état.

Le droit de propriété, qui compète au propriétaire du sol, sur la construction élevée par autrui sur son terrain, est-il attaché à sa personne?

Nullement : c'est un droit de propriété ordinaire; il en résulte que ses créanciers ont qualité pour le faire valoir, à son lieu et place; comme le propriétaire du sol, leur débiteur, ils ont le droit d'opter, en principe, ou pour la conservation des bâtiments, ou pour leur démolition.

Comme leur débiteur, ils peuvent manifester, expressément ou tacitement, l'intention qu'ils ont d'user du droit d'accession. Ils la manifesteront tacitement, par exemple, quand ils frapperont de saisie le fonds tel qu'il se trouve. Il interviendra forcément, dans ce cas, un règlement de compte entre les créanciers saisissants et le tiers constructeur. Ce tiers aura, au moins, le droit de prélever sur le prix d'adjudication, la somme à laquelle il a droit, d'après les règles que nous étudierons, somme qui sera, tantôt égale au montant de ses déboursés, tantôt seulement, à la mieux-value ajoutée au fonds, par l'établissement de la construction.

Le constructeur, qui a bâti sur le terrain d'autrui, une fois qu'il s'est dessaisi de la construction, qu'il a établie, en faveur du propriétaire du sol, n'est certainement plus en droit d'enlever les matériaux, qui sont entrés dans cette construction. S'ensuit-il qu'il ait perdu tout droit à la propriété de ses matériaux, et qu'il ne puisse plus les recouvrer, lorsque la maison sera détruite? Cela dépend d'une autre question plus générale, qui domine toute la matière de l'accession.

Oui, dirons-nous, il pourra recouvrer ses matériaux, si le propriétaire du sol, en devenant propriétaire de la construction, n'est pas devenu propriétaire des matériaux, qui la composent, par l'effet de l'accession, si, en d'autres termes, l'accession, en droit français, pas plus qu'en droit romain, n'est une manière d'acquérir.

Non, il ne pourra pas les recouvrer si le propriétaire du sol est devenu propriétaire des matériaux qui sont entrés dans la construction, aussi bien que de la construction elle-même, par l'effet de l'accession.

Il est bien entendu que, nous supposons que le propriétaire des matériaux constructeur n'a point été indemnisé, car, s'il avait été indemnisé, la somme, qu'il aurait reçue, serait l'équivalent des matériaux, qu'il serait réputé avoir vendus. Il serait injuste qu'il pût réclamer et sa chose, et la valeur de sa chose.

Dans le droit romain, le propriétaire du sol devenait propriétaire de la construction, sans devenir propriétaire des matériaux, qui restaient la propriété de leur ancien maître. Pendant que la maison restait debout, le droit de propriété du constructeur sur les matériaux était en quelque sorte endormi ; il ne pouvait agir sur la construction par la revendication ; il n'avait même pas l'action *ad exhibendum*.

Mais, lorsque la maison était détruite, son droit se réveillait ; il pouvait, désormais, revendiquer sa chose à la condition, bien entendu, qu'il n'eût pas été déjà indemnisé, en raison de ses matériaux.

Il résultait clairement de là que, l'accession n'était nullement une manière d'acquérir, en droit romain.

Qu'ont fait les rédacteurs du Code ? Ont-ils admis les errements du droit romain ?

Si nous nous en tenons à la lettre des textes du Code, ils sont formels ; l'accession figure comme étant une manière d'acquérir. L'art. 712 la range positivement parmi les manières d'acquérir ; il en résulte que, d'après les textes, le propriétaire du sol est devenu propriétaire des matériaux qui sont entrés dans la construction, bâtie sur son fonds, par la voie de l'accession, aussi bien que de la construction elle-même, et que, dès lors, quand bien même la maison, par une cause ou par une autre, vient à être détruite, le constructeur, qui n'a point encore été indemnisé de ses matériaux, ne peut, néanmoins, prétendre aucun droit sur les matériaux, qui ont repris leur ancienne forme.

Bien que les textes paraissent positifs, nous hésitons, néanmoins, à admettre cette conséquence, et nous inclinons à penser que, le constructeur peut recouvrer encore ses matériaux en nature, lorsque, par une cause ou par une autre, ils ont repris leur ancien état.

L'art. 554, qui suppose que le propriétaire du sol a employé, dans sa construction, des matériaux appartenant à autrui, n'exproprie pas, d'une manière définitive, le propriétaire des matériaux ; il lui refuse seulement le droit de les enlever, tant qu'ils sont incorporés au bâtiment ; aussi, beaucoup d'auteurs, notamment M. Demolombe, admettent que le propriétaire des matériaux est recevable à réclamer ses matériaux, lorsque la maison a été démolie, ou détruite par accident, la loi ne lui enlevant point le droit de revendication, lorsque la maison est détruite.

Il n'y a aucun motif, pour que cette solution ne soit pas donnée, dans l'hypothèse qui nous occupe.

Il ne faut pas, selon nous, attacher trop d'importance aux textes, qui représentent l'accession comme étant une manière d'acquérir, car les rédacteurs du Code ont tout simplement reproduit Pothier, qui rangeait l'accession parmi les manières d'acquérir, mais sans tirer les conséquences qui découlaient de cette règle.

C'est ainsi que Pothier, (n° 178, *Domaine de propriété*) ne fait que reproduire la décision romaine, lorsque le propriétaire du sol, ayant employé, dans sa construction, les matériaux d'autrui, ces matériaux en sont séparés. Comme les jurisconsultes romains, il admet, au profit du propriétaire de ces matériaux, qui n'a point encore été indemnisé, l'action en revendication sur ces matériaux.

Il donnait aussi, sans aucun doute, la même solution, de même que le droit romain, lorsque, les matériaux, employés par celui qui avait construit sur le terrain d'autrui, étaient détachés de la construction.

Il nous paraît très-probable que, les rédacteurs du Code n'ont pas entendu innover sur l'ancien droit, d'autant plus que l'accession n'est pas, en raison pure, une manière d'acquérir la propriété ; et ils ont, en quelque sorte, rendu hommage à cette vérité, en plaçant la matière de l'accession, non point au livre IIIe du Code civil, qui a trait aux différentes manières d'acquérir, mais dans un titre qui est relatif aux effets de la propriété.

Nous estimons donc, que le constructeur, qui a bâti sur le terrain d'autrui, a la faculté de réclamer ses matériaux lorsque, par un motif ou par un autre, ils ont été détachés définitivement de la construction.

D'ailleurs, cette question, qui avait une grande importance en droit romain, où la propriété des meubles pouvait faire l'objet de la revendication aussi bien que celle des immeubles, est loin de présenter le même intérêt de nos jours. En effet, l'art. 2279, admettant, en principe, la prescription instantanée des meubles par l'effet de la possession, et refusant, en conséquence, la revendication des meubles, en règle générale, notre question ne se présentera guère ; ordinairement, le constructeur, qui aura employé les matériaux d'autrui, en sera devenu propriétaire. Elle ne se présentera qu'exceptionnellement, lorsque les matériaux auront été volés, perdus, ou employés de mauvaise foi (2279. 2°).

CHAPITRE IV.

EXCEPTIONS A LA RÈGLE QUE LE PROPRIÉTAIRE DU SOL EST PROPRIÉTAIRE DES CONSTRUCTIONS QUI Y SONT ÉLEVÉES PAR AUTRUI. DROIT DE SUPERFICIE.

Comme nous venons de le voir, dans les deux chapitres précédents, le propriétaire du sol est propriétaire des constructions faites sur son terrain par autrui, à l'exclusion du constructeur, qui ne peut prétendre sur ces constructions, même à un droit de copropriété, concurremment et par indivision avec le propriétaire du sol ; mais, s'il est propriétaire, ce n'est que parce qu'il le veut bien ; il n'est pas nécessairement propriétaire des constructions établies sur son terrain par un tiers. Les art. 546, 551, 552, 555, qui lui en attribuent la propriété, ne présentent pas cette attribution comme étant forcée.

Notre législateur ne dit point, comme le législateur romain, que la construction, élevée sur un terrain, ne peut appartenir qu'au propriétaire de ce terrain. Il y a plus, l'art. 553 suppose que, la propriété des constructions peut appartenir à un autre qu'au propriétaire du sol, que, par conséquent, elle peut très-bien appartenir à celui qui a employé à l'édifice et son travail et ses matériaux, au constructeur, en d'autres termes ; de même, l'art. 664, aux termes duquel il résulte que, le sol peut très-bien appartenir à une personne, et la construction à une autre.

Ce principe, que le propriétaire du sol est propriétaire des constructions élevées, sur son terrain, par un tiers, à l'exclusion de ce tiers constructeur, n'est donc point d'ordre public ; les parties peuvent très-bien y déroger par leurs conventions. Aucun obstacle légal ne s'opposant à ce que le constructeur devienne propriétaire des constructions, qu'il a édifiées, avec ses matériaux, sur le fonds d'autrui, le propriétaire du sol peut donc renoncer à son droit d'accession sur les constructions, au profit du constructeur.

Nous dirons, d'une manière générale, que le principe, que nous venons de formuler, est soumis à deux exceptions, que, dans deux cas, le constructeur deviendra propriétaire de la construction, qu'il aura édifiée sur le terrain d'autrui, à l'exclusion du propriétaire du sol.

1° Quand le propriétaire du sol aura renoncé, soit expressément, soit tacitement, au bénéfice de la règle « qui a le sol a les bâtiments. »

2° Quand le constructeur aura prescrit la propriété du sol, sur lequel il a bâti.

Occupons-nous séparément de chacune de ces exceptions, et, d'abord, de la première :

Cette maxime : « qui a le sol a les bâtiments, » reproduction de la maxime romaine « *omne quod inœdificatur solo cedit* » n'est, comme nous l'avons vu, ni absolue, ni d'ordre public, dans notre droit. La propriété des bâtiments, pouvant fort bien être séparée de la propriété du sol, le propriétaire du sol est en droit de renoncer au bénéfice de cette maxime. Sa volonté, son intention d'abdiquer son droit sur les constructions, pourra être, comme tout consentement, manifestée soit d'une manière expresse, soit d'une manière tacite.

Il y renoncera d'une manière expresse, par exemple, quand il dira au constructeur : « Je vous autorise à construire sur mon fonds, et, moyennant une certaine redevance, que vous me paierez tous les ans, vous aurez la propriété pleine et entière des constructions que vous aurez édifiées. »

Sa renonciation pourra aussi, avons-nous dit, n'être que tacite. Elle pourra s'induire, notamment des clauses suivantes, insérées dans un bail.

1° Le locataire aura le droit de bâtir sur le terrain loué, et les constructions, qu'il élèvera, resteront affectées hypothécairement au paiement des loyers et au res charges du bail.

Il est bien évident que, si le bailleur reconnaît que les constructions élevées par le fermier, peuvent être l'objet d'une hypothèque, c'est qu'il consent implicitement à ce qu'elles appartiennent au locataire, qui les aura édifiées ; en d'autres termes, c'est qu'il renonce à son droit de propriété, attendu qu'il ne peut pas avoir une hypothèque sur sa propre chose.

2° Le fermier aura le droit d'élever des bâtiments sur le fonds loué, et il jouira de la faculté d'enlever ses constructions à la fin du bail ; ou il n'aura ce droit que pour le cas, où les parties ne s'accorderaient pas sur le prix à payer par le bailleur, s'il voulait conserver les bâtiments.

Que le droit d'enlèvement soit accordé au locataire constructeur conditionnellement, ou qu'il lui soit accordé purement et simplement, il importe peu; du moment où il peut démolir, c'est que le propriétaire du sol ne peut point conserver la construction malgré le constructeur; n'ayant ni le droit de retenir les bâtiments, ni celui de prohiber leur destruction, il n'est pas réellement propriétaire. En effet, le droit de propriété du propriétaire du sol, sur les constructions élevées par autrui, sur son fonds, consiste surtout, et ne consiste guère que dans la faculté d'empêcher toute destruction des bâtiments, de la part de celui qui les a élevés. En réalité, donc, c'est le locataire qui est propriétaire des bâtiments, qu'il élèvera, à l'exclusion du bailleur, qui a implicitement renoncé à son droit d'accession.

Ces inductions, tirées des clauses du bail, acquerraient encore plus de force, si la location avait été faite pour un long temps, où s'il s'agissait d'un terrain qui, par sa nature, est destiné à être surbâti, par exemple, d'un terrain placé aux bords d'une rue.

La question de savoir si le propriétaire du sol a renoncé au bénéfice de l'accession, en faveur du constructeur, est une pure question de fait, qui sera décidée souverainement par les tribunaux, dont les jugements, sur ce point, ne seront pas soumis à la censure de la Cour de cassation.

D'ailleurs, il faut remarquer que, c'est au constructeur à faire la preuve de la renonciation du propriétaire du sol, à son profit. Aux termes de l'art. 553, en effet, les constructions, élevées sur le terrain d'autrui, sont présumées appartenir au propriétaire de ce terrain et non au constructeur.

Lorsqu'il y aura doute sur le sens d'une clause, ce doute s'interprétera, naturellement, en faveur de la non-renonciation du propriétaire du terrain, et de la non-propriété du constructeur.

Dans la pratique, ces renonciations au bénéfice de l'accession, auront presque toujours lieu en faveur d'un locataire. Elles se présenteront souvent dans les campagnes : il n'est pas rare, en effet, que des particuliers obtiennent, des autorités communales, le pouvoir de construire sur un terrain, appartenant à la commune, à la charge par eux de payer une certaine redevance annuelle, pour la jouissance du terrain qu'occupe leur bâtiment, et pour tout le temps que durera cette maison.

Fréquemment aussi, elles se présenteront dans les grandes villes, surtout à Paris. Tel locataire prendra une maison à loyer, pour 20 ou 30 ans, quelquefois même, pour un temps bien plus long, en se réservant la faculté d'agrandir l'établissement qu'il exploite, d'y faire telles innovations que bon lui semblera, des constructions nouvelles, par exemple, et, en stipulant le droit de pouvoir se faire, des édifices qu'il aura bâtis, un instrument de crédit.

Tel autre prendra à bail un terrain, appartenant à la ville, pour quatre-vingt-dix-neuf ans, par exemple, en vue d'y faire des constructions, qui seront à lui, pendant la durée du bail.

C'est sur ces différentes hypothèses, que nous allons raisonner ; il est bien entendu, d'ailleurs, que tout ce que nous dirons sera applicable, en principe, à toute autre personne que le locataire, lorsque le propriétaire du sol aura renoncé à son droit sur les constructions.

Supposons donc qu'un locataire a loué, soit à la campagne, soit à la ville, un terrain, en stipulant le droit d'y faire des constructions, et en obtenant du bailleur sa renonciation au bénéfice de la maxime : « qui a le sol a les bâtiments ».

Ce locataire crée un édifice ; quel va être son droit sur la construction qu'il aura élevée?

Il est bien évident que, le bailleur, qui a renoncé au bénéfice de l'accession, n'a plus de titre pour se dire propriétaire des constructions, élevées par le preneur. Ces constructions, qui, comme nous l'avons établi plus haut, constituent des immeubles par nature, quel qu'en ait été le constructeur, et quel qu'en doive être le propriétaire, ces constructions ont nécessairement un maître, et ce maître est forcément le preneur, puisque le propriétaire du sol n'y peut prétendre aucun droit.

Le droit qu'a le preneur, sur les bâtiments qu'il a édifiés, est un vrai droit de propriété, qui a pris un nom particulier, droit de *superficie*. Désormais, il y aura deux propriétés parfaitement distinctes, l'une frappant le sol, et l'autre, frappant la construction ; il y aura également deux propriétaires distincts, l'un le propriétaire du sol, et l'autre, le constructeur.

Et cette superposition de deux propriétés n'a assurément rien de choquant ; ce n'est que, par pure subtilité, que le droit civil romain ne reconnaissait pas d'autre propriétaire de la construction que le propriétaire du sol. Aussi le préteur, chargé de mettre la législation en rapport avec les idées de progrès, avait-il abrogé cette règle, en reconnaissant qu'on pouvait très-bien être propriétaire d'une construction, sans l'être du sol.

Il importera peu, pour que le locataire acquière un droit de propriété sur la construction qu'il aura élevée, que la jouissance, à laquelle il a droit sur le sol, soit de longue ou de courte durée.

Quand même son bail serait de la durée la plus restreinte, la construction, qu'il aura faite, formera une propriété distincte de la propriété du sol. Au reste, en fait, il ne fera de constructions importantes que, s'il est assuré d'en jouir pendant de longues années.

C'est là, une différence avec le droit romain. A Rome, en effet, sous la législation prétorienne, le constructeur locataire n'obtenait l'action *in rem* et, par conséquent, ne pouvait prétendre à un droit de superficie que, quand il construisait sur un sol, qu'il avait loué à perpétuité, ou au moins pour un temps très-long.

Ce serait en vain que, pour combattre cette proposition à savoir que, le bail n'eût-il qu'une durée très-limitée, le droit du preneur, qui a construit, est néanmoins un droit de propriété, ce serait en vain que l'on objecterait que la propriété est perpétuelle. Nous répondrions : Sans doute, la propriété est perpétuelle parce qu'elle est absolue, mais elle peut très-bien ne pas être perpétuelle; dans la plupart des cas, elle le sera, mais rien n'empêche que l'on ait une propriété révocable, résoluble, devant durer jusqu'à l'arrivée d'une certaine condition qui l'anéantira; rien n'empêche, non plus, que l'on ait une propriété, limitée dans sa durée, *ad tempus* aussi bien qu'une propriété *ad conditionem*.

Le locataire, qui a construit sur le fonds du bailleur, a un droit véritable de propriété sur la maison qu'il a construite, quand le propriétaire a renoncé à son droit d'accession, et un droit de propriété, sur un immeuble par nature.

C'est à tort que l'on a soutenu que, vis-à-vis le preneur, plus généralement vis-à-vis tout autre que le propriétaire du sol, les bâtiments ne pouvaient constituer des immeubles par nature. Nous avons établi plus haut, que la construction, à quelque personne qu'elle doive appartenir, constitue un immeuble par nature, et par quelque personne qu'elle soit faite.

Bornons-nous à dire que l'art. 518 ne distingue point, entre les divers constructeurs, ou les propriétaires futurs de la construction, et que là où la loi ne distingue pas, là aussi nous ne devons pas distinguer; que, d'ailleurs, la loi consacre la légitimité d'un droit de propriété ne reposant que sur la construction, sans reposer sur le sol, dans l'art. 553, et dans l'art. 664.

L'opinion de Toullier, Delvincourt, et quelques autres auteurs, vient se briser contre ces textes positifs.

Le droit du locataire, sur sa construction, frappe un immeuble réel et physique, un immeuble par sa nature. Son droit de propriété sur la construction est une vraie propriété foncière, comme tout autre héritage.

Il pourra donc :

1° Exercer sur son bâtiment tous les droits qui découlent de la propriété, l'action en revendication, l'action négatoire, l'action confessoire. Il aura l'usage de toutes les actions possessoires pour la conservation de son immeuble. Il pourra l'administrer, le détruire, si bon lui semble.

2° Aliéner cette propriété, soit à titre gratuit, soit à titre onéreux, soit par acte entre-vifs, soit par acte de dernière volonté, en tout, ou seulement en partie, c'est-à-dire, la grever de servitudes réelles ou personnelles.

3° Il pourra la donner en antichrèse ou l'hypothéquer.

4° Ses créanciers pourront la saisir immobilièrement; il faudra observer pour cette saisie les formalités de l'expropriation ordinaire, s'appliquant à des immeubles en général. Il pourra être fait une surenchère.

5° En cas d'aliénation, les droits de mutation immobilière seront perçus, et non ceux de mutation mobilière.

6° Si le locataire vend son droit de superficie, il pourra intenter l'action en rescision pour lésion de plus des 7/12.

7° Cette superficie compètera au légataire des immeubles, et sera exclue de la communauté légale.

8° Toute transmission entre-vifs de ce droit sera soumise à la formalité de la transcription.

En résumé, le locataire, propriétaire de la construction, jouit à l'occasion de cette construction, de toutes les facultés attachées au droit de propriété, à l'exclusion du propriétaire du sol, sans que ce dernier puisse prétendre être en état d'indivision avec lui, et, par conséquent, avoir la faculté de provoquer le partage de leurs deux propriétés, car elles sont complétement distinctes l'une de l'autre.

Quelle est l'importance, et la durée du droit de superficie du locataire ?

Le droit de superficie, qui appartient au locataire, est plus ou moins long, selon que le bail est plus ou moins long. Si le bail est long, le droit de superficie sera de longue durée ; s'il est court, il sera de courte durée ; son droit sera, dès lors, plus ou moins important suivant les cas.

Exception. — Le constructeur est propriétaire des constructions, qu'il a édifiées sur le terrain d'autrui, quand il a acquis ce terrain par prescription.

Nous n'avons qu'à supposer qu'une personne a acheté un terrain *a non domino*, plus généralement qu'elle a acquis, à juste titre, un terrain d'un non-propriétaire ; cette personne élève des constructions, croyant qu'elle bâtit sur un terrain qui lui appartient ; 10 ans, 20 ans se passent, sans que le propriétaire réclame son fonds. Le constructeur a ainsi acquis, par usucapion, le sol sur lequel il a bâti ; il est également devenu, par voie de conséquence, propriétaire des constructions, qu'il y a faites, d'une manière définitive, sans pouvoir être inquiété à l'occasion de sa construction, et du terrain sur lequel elle est établie, par l'ancien propriétaire du sol.

Ces constructions, étant incorporées au sol, suivent le même sort que le sol.

Nous pouvons supposer aussi, qu'une personne a construit sur un terrain communal, sans avoir obtenu aucune autorisation, par pure tolérance des autorités locales. Cette personne a construit pour elle, et dans son intérêt personnel, avec l'intention de devenir propriétaire du terrain sur lequel elle a édifié ; au bout de 30 ans, le constructeur aura usucapé le sol ; conséquemment, il ne peut plus être inquiété par la commune, et à l'occasion du sol, et à l'occasion de la maison établie sur le sol.

Cette hypothèse se présente assez fréquemment dans les campagnes. Elle se présentait surtout autrefois, alors que les terrains, généralement en friches, n'avaient que peu de valeur.

Il faut remarquer, que, dans les cas que nous venons de supposer, et dans les hypothèses analogues, où le constructeur a acquis, d'une manière définitive, la propriété des constructions qu'il a élevées, sur un terrain, qui ne lui appartenait, pas au moment où il a construit, parce qu'il est devenu propriétaire du sol, son droit est bien différent de celui qui appartient au constructeur, quand le propriétaire du sol a renoncé au bénéfice de l'accession, spécialement de celui qui compète au locataire ; en effet, il frappe à la fois, et sur le sol, et sur la construction ; pour parler plus exactement le constructeur a un vrai terrain construit. Son droit est préférable à celui du locataire sous deux rapports :

1° *Quant à sa durée* : le droit du constructeur, qui a prescrit, sur la construction, est perpétuel; celui du locataire, au contraire, n'est en principe que temporaire.

2° *Quant à son étendue* : le droit du locataire ne porte que sur la construction, tandis que celui de l'autre constructeur s'étend au sol, et à la construction.

CHAPITRE V.

RÈGLES GÉNÉRALES APPLICABLES AUX DIFFÉRENTS CAS OU DES CONSTRUCTIONS ONT ÉTÉ ÉTABLIES SUR UN TERRAIN PAR UN NON PROPRIÉTAIRE.

Première règle.—Les différents constructeurs, sur le fonds d'autrui, ont, en principe, le droit de détruire ce qu'ils ont édifié, avant toute réclamation de la part du propriétaire du sol, à la charge de remettre les choses dans leur ancien état ; si, par suite de la démolition, il ne résulte aucun préjudice pour le propriétaire du sol, le propriétaire n'a droit à aucuns dommages et intérêts, en raison du fait lui-même de la destruction des bâtiments : Que pourrait-il réclamer, en effet, au constructeur qui a démoli, du moment où il n'éprouve aucun dommage ? N'ayant point d'intérêt, il n'a pas d'action contre le constructeur, qui a le droit de détruire impunément ce qu'il a édifié, à ses frais et avec ses matériaux, car l'intérêt est la condition *sine qua non* de toute action.

Cette règle, nous l'appliquerons, sans difficulté, au possesseur de bonne ou de mauvaise foi, à l'usufruitier, au locataire que l'on appelle communément emphytéote, au propriétaire sous condition suspensive ou sous condition résolutoire ; au précariste, à l'emprunteur à usage d'un immeuble, au créancier antichrésiste, au gérant d'affaires.

Nous irons plus loin, et nous l'appliquerons aux

différents administrateurs généraux ou spéciaux du patrimoine d'autrui, tels que le tuteur, le mari, le mandataire général. Ces différents constructeurs, en remettant les choses dans leur ancien état, à leurs frais bien entendu, ne seront point condamnés, en principe, à des dommages et intérêts, par suite du fait même de la démolition des bâtiments, qu'ils auront élevés, à une condition pourtant, c'est qu'ils aient élevé ces constructions, à leurs frais, et non avec les revenus qu'ils ont entre les mains. Ainsi, le tuteur ne pourrait certainement pas démolir les édifices qu'il a bâtis sur le fonds du pupille, bien que ce dernier n'ait pas déclaré qu'il entendait conserver ces constructions, alors que c'est avec l'argent du pupille que ces constructions ont été élevées.

Deuxième règle.—Toutes les fois que, le propriétaire d'un terrain voudra conserver les constructions qu'un tiers aura établies sur son sol, sans indemniser le constructeur, il faut reconnaître à ce constructeur le droit de détruire ce qu'il a édifié, et d'enlever ses matériaux.

Aucun constructeur, en effet, ne peut être présumé avoir voulu, en construisant sur le terrain d'autrui, faire donation de ses matériaux au propriétaire du sol. Pour refuser le droit d'enlèvement au constructeur, il faudrait admettre que la fiction romaine de donation établie contre tous ceux qui avaient bâti sciemment sur le terrain d'autrui, a été reproduite par le Code; or, cette fiction a été certainement écartée par l'art. 555.

Si, aux termes de cet article, lorsque le propriétaire

du sol veut retenir les constructions faites par autrui sur son fonds, il est tenu d'indemniser le constructeur, ce dernier doit pouvoir, à plus forte raison, enlever ses matériaux, lorsque le propriétaire du sol élève la prétention immorale de conserver des constructions sans rien débourser.

Il paraît assez naturel qu'il puisse dire au propriétaire du sol : « Payez-moi les impenses que j'ai faites, sinon j'enlève mes matériaux. »

Nous appliquerons cette règle, en général, à tous ceux qui ont construit dans leur intérêt propre, et non dans l'intérêt du propriétaire du sol, au possesseur de mauvaise foi, aussi bien qu'au possesseur de bonne foi, au locataire, au propriétaire sous condition suspensive, au propriétaire sous condition résolutoire. Nous l'étendrons même à l'usufruitier qui a construit sur le fonds dont il a la jouissance. Pas plus qu'un autre constructeur, il ne doit être présumé avoir voulu faire une donation au nu-propriétaire, et la maxime romaine « *intelligitur alienasse; donasse videtur,* » applicable à ceux qui avaient construit sciemment sur le sol d'autrui, nous paraît avoir été rayée de notre code, pour l'usufruitier, aussi bien que pour tout constructeur de mauvaise foi, en général.

D'ailleurs, nous aurons l'occasion de revenir sur cette question, à propos de l'usufruitier.

Troisième règle. — Le propriétaire a, en principe, le droit de contraindre le constructeur à démolir les constructions, qu'il a élevées sur son terrain.

Ce droit lui est accordé en termes formels, au moins, lorsqu'il est en présence d'un possesseur de mauvaise foi, dans l'art. 555. Cet article, *in principio*, est, en effet, ainsi conçu : « Lorsque les constructions ont été faites par un tiers et avec ses matériaux, le propriétaire du fonds a droit de les retenir ou d'obliger ce tiers à les enlever. »

Ajoutons que, cette faculté de destruction des travaux est parfaitement conforme aux principes de l'équité.

Obliger le propriétaire du sol à conserver, bon gré mal gré, des constructions auxquelles il n'a point participé, qu'il n'a point commandées, qui peut-être ne lui conviennent pas, en le chargeant de payer au moins l'augmentation de valeur ajoutée à son fonds, et cela, dans tous les cas, serait contraire à toute notion de justice. Il serait souverainement injuste, en effet, qu'il pût être grevé d'impenses considérables qu'il n'a pas entendu faire, et dont il ne veut pas profiter.

Sans doute, le constructeur pourra éprouver un préjudice considérable, s'il est contraint de démolir une construction, qu'il a faite à grands frais ; mais, le propriétaire du sol ne sera pas la cause de ce préjudice. Ce n'est pas lui qui a dit à ce constructeur de bâtir, et il n'a rien à se reprocher. L'équité est satisfaite, en règle générale, lorsqu'il ne s'enrichit pas aux dépens du constructeur. En principe, le constructeur aura commis une faute, ou au moins une imprudence en construisant ; cette faute ou cette imprudence doit retomber sur lui, et il doit en subir seul les conséquences.

Ce droit de destruction, nous l'accorderons au propriétaire du sol, quand il sera en présence d'un possesseur de mauvaise foi (555), d'un locataire à long terme ou d'un emphytéote, aussi bien que d'un locataire ordinaire (1730, 555), d'un usufruitier, d'un créancier antichrésiste, d'un précariste, d'un propriétaire sous condition suspensive, ou d'un propriétaire sous condition résolutoire, en général.

De même, lorsqu'il s'agira d'un administrateur du patrimoine d'autrui, qui aura outrepassé ses pouvoirs ; à plus forte raison, d'un gérant d'affaires. Selon nous, d'après les principes du mandat et de la gestion d'affaires, il ne peut pas plus dépendre d'un mandataire, encore moins d'un gérant d'affaires, que de toute autre personne en général, d'induire forcément le propriétaire du sol dans des impenses considérables, qui n'entraient nullement dans ses vues, dont il ne veut pas profiter, et qui n'étaient nullement nécessaires.

Cependant, le principe du droit de destruction n'est point absolu ; comme toute règle, en général, il a ses exceptions.

Nous refuserons ce droit au propriétaire du sol, lorsque le constructeur est de bonne foi, qu'il n'a ni faute ni même imprudence à se reprocher.

Nous lui refuserons notamment, quand il s'agira d'un constructeur qui aura construit sur un fonds qu'il regardait comme sien, et qui avait de bonnes raisons de penser ainsi ; en d'autres termes, quand il s'agira d'un possesseur de bonne foi (555 *in fine*) ;

Lorsqu'il s'agira d'un cohéritier en principe, d'un coassocié, d'un propriétaire sous condition résolutoire dans certains cas, et des différents administrateurs du patrimoine et de la chose d'autrui, lorsqu'ils auront agi de très-bonne foi, et dans l'intérêt manifeste du mandant.

Il faut reconnaître que, ce droit d'anéantissement est un droit rigoureux ; aussi, nous ne l'accorderons que quand les principes du droit nous y forceront.

Au reste, hâtons-nous d'ajouter que, les tribunaux auront une certaine liberté d'appréciation, pour accorder ou refuser ce droit, d'après les hypothèses qui se présenteront dans la pratique, et ils ne manqueront pas de retirer ce droit barbare au propriétaire du sol, lorsqu'ils le pourront, sans blesser formellement un texte de loi.

Quatrième règle. — Toutes les fois que le propriétaire du sol voudra user de son droit d'accession, en conservant pour lui les constructions, qu'un tiers a bâties sur son terrain, il sera contraint d'indemniser ce constructeur, quel qu'il soit.

Il ne serait pas juste, en effet, qu'il pût devenir propriétaire de constructions, parfois considérables, sans rien débourser. Sa prétention à avoir les bâtiments, qu'un tiers a édifiés sur son fonds, à ses frais et avec ses matériaux, sans lui payer la moindre indemnité, serait immorale, et contraire à ce grand principe : « Qu'on ne peut s'enrichir aux dépens d'autrui. »

Une action en indemnité sera donc ouverte, au profit du constructeur, contre le propriétaire du sol, voulant profiter des travaux faits par le constructeur. Tantôt ce sera l'action *mandati*, tantôt l'*actio negotiorum gestorum contraria ;* souvent, ce sera l'action de *in rem verso*; actions diverses, qui seront fréquemment garanties par le droit de rétention.

Et, cette action en indemnité, plus ou moins favorable, suivant les cas, comme nous aurons occasion de le constater, dans la deuxième partie de notre travail, lui sera accordée, quand bien même il serait de la plus mauvaise foi du monde, quand même il serait entré en possession du fonds, sur lequel il a construit plus tard, après en avoir chassé violemment le propriétaire véritable.

En outre il conservera cette action, lors même qu'il se sera dessaisi du fonds, qu'il a amélioré par des constructions.

C'est là, une double différence avec le droit romain. D'abord, le constructeur de mauvaise foi ne jouissait point de l'exception de dol, pour se faire indemniser de ses impenses; plus généralement, tout moyen de se faire payer de ses frais lui était refusé.

En second lieu, le constructeur de bonne foi, qui avait négligé d'opposer l'exception de dol, pour obtenir le remboursement des sommes que lui avait coûtées la construction, ou le paiement de la plus-value ajoutée au fonds, ce constructeur n'avait plus aucun moyen, d'après l'opinion presque unanime des jurisconsultes, d'être indemnisé, s'il s'était dessaisi de la construction, au profit du propriétaire du sol.

Assurément, ces deux différences, que nous venons de signaler, sont à l'avantage de notre législation, et personne, à coup sûr, ne blâmera le législateur français d'avoir été moins rigoureux, et moins formaliste que le législateur romain.

Cinquième règle. — Le constructeur, pour se faire indemniser de ses travaux par le propriétaire du sol, doit établir que c'est lui qui a élevé les constructions, et que, de plus, c'est à ses frais qu'il les a faites.

La loi, dans l'art. 553, présume, en effet, que les constructions, établies sur un terrain, ont été établies 1° par le propriétaire de ce terrain, et 2°, à ses frais.

C'est donc au constructeur à faire tomber cette double présomption, par la preuve contraire.

Il ne lui suffirait pas d'avoir prouvé que c'est lui qui a surveillé ou dirigé les travaux; il pourrait n'avoir été, en cela, que le mandataire du propriétaire du sol; il faut donc qu'il établisse, en outre, que c'est lui qui les a fait faire, et à ses propres frais.

Cette preuve, d'ailleurs, sera, suivant les cas, plus ou moins facile.

Quant à la question de savoir de quelle manière elle pourra être faite, c'est d'après les principes généraux, en matière de preuve, qu'elle doit être résolue.

Or, le fait d'avoir construit est un fait pur et simple, qui échappera, par conséquent, à l'application de l'art. 1340; il est hors de doute qu'il pourra dès lors être prouvé par tous les moyens possibles, même par témoins, et sans commencement de preuve par écrit, à quelque somme que s'élève la valeur des travaux.

Inutile de dire qu'il sera toujours beaucoup mieux que le constructeur produise, quand il le pourra, les traités faits avec l'architecte, les devis, les mémoires des ouvriers, l'état des lieux qui aurait été précédemment dressé, etc.

2° — PARTIE SPÉCIALE.

CHAPITRE PREMIER.

DES CONSTRUCTIONS ÉLEVÉES PAR UN POSSESSEUR DE MAUVAISE FOI SUR LE FONDS D'AUTRUI.

Il s'agit, par exemple, d'une personne qui a acquis d'un non-propriétaire, en vertu d'un juste titre, un terrain qu'elle savait très-bien appartenir non à son auteur, mais à une autre personne;

Ou d'une personne, qui a acheté un fonds d'un incapable, d'un mineur, d'un interdit, d'une femme mariée, par exemple, n'ignorant pas l'incapacité du vendeur;

Plus généralement, c'est un acquéreur, qui n'ignore pas les vices, dont son titre d'acquisition est entaché, qui n'a pas, comme disaient nos anciens commentateurs, une *justa opinio quæsiti dominii.*

Cet acquéreur, qui sait très-bien que la propriété du terrain n'a pas pu lui être transférée, parce qu'un obstacle légal s'y opposait, qui n'ignore pas que ce fonds appartient à autrui, et qu'à un certain moment il peut en être dépouillé, se décide, néanmoins, à construire. Quels droits vont naître de cette construction?

Et d'abord, faisons remarquer que, pour savoir si un possesseur est de bonne ou de mauvaise foi, quant aux constructions qu'il élève sur le terrain d'autrui, il faut se placer, non au moment de l'acquisition de ce terrain, ni au moment où il a été mis en possession, mais au moment où il a construit.

C'est la solution que donne la loi 37 au *Dig.*, *De rei vind.* Elle est trop rationnelle, pour que l'on ne la donne pas non plus, dans notre droit actuel.

Revenons à notre question, et demandons-nous quelles règles spéciales il faut appliquer à ce constructeur, possesseur de mauvaise foi ?

D'abord, quel droit aura-t-il sur la construction ? Il a évidemment sur la construction le même droit qu'il a sur le terrain, et il ne peut en avoir d'autre : en effet, la construction suit le sort du sol, auquel elle est incorporée ; comme le sol, elle appartient au propriétaire du sol, et le constructeur, possédant le terrain, possède, au même titre, la construction qu'il y a élevée. Il a, dès lors, un droit de possession sur sa construction, comme il a un droit de possession sur le terrain, réel d'après la plus grande partie des auteurs, et immobilier, parce qu'il s'applique à un immeuble ; suivant d'autres, n'ayant aucun droit réel sur le sol, il ne peut prétendre à aucun droit réel sur la construction.

Quoi qu'il en soit de cette controverse sur la nature de son droit de possession, il faut admettre qu'il pourra exercer à l'occasion de son bâtiment tous les droits qu'il pourra exercer à l'occasion du fonds : ainsi, il jouira de la complainte pour défendre sa construction, quel que soit l'auteur du trouble, quand même il serait causé par le véritable propriétaire de la chose qu'il possède, à la condition que sa possessiou soit annale.

Il y a plus : quand même il ne posséderait pas depuis une année le terrain, sur lequel il a bâti, d'après une opinion, qui a pour elle la majorité des auteurs et la jurisprudence presque unanime, il peut, au moyen de la réintégrande, se faire remettre en possession du fonds, dont il a été dépouillé violemment, par qui que ce soit; il peut, dès lors, se faire remettre en possession de la construction, aussi bien que du sol, cette construction étant devenue une partie intégrante du terrain.

Il est présumé propriétaire de la construction aussi bien que du sol, et ce n'est que, quand le propriétaire du sol aura fait reconnaître son droit de propriété quant au terrain, que la présomption contraire prendra naissance quant à la construction (553).

Enfin sa possession, si elle est suffisamment continuée, pouvant le conduire à l'usucapion du terrain sur lequel il a bâti, il pourra devenir propriétaire incommutable de la construction qu'il a édifiée.

En résumé, le possesseur, qui a construit, peut exercer sur la construction qu'il a faite tous les avantages qui sont, en général, attachés à la possession d'un immeuble.

Nous ne parlerons point du droit qu'il a de démolir, avant que le propriétaire du sol ait déclaré qu'il entend retenir la construction qu'il a édifiée, car ce droit n'est point particulier au possesseur de mauvaise foi, mais il doit être accordé (ch. V.) à tous les constructeurs, en général, qui ont bâti sur le terrain d'autrui, à la condition qu'ils remettent les lieux dans leur ancien état.

Maintenant, il s'agit de savoir quels seront les droits du propriétaire du sol?

Les art. 546, 551, 552 et 555 lui attribuent la propriété des constructions, qui ont été faites par le possesseur de mauvaise foi. Il peut conserver ces constructions, dont il est devenu propriétaire, et, en conséquence, réclamer au possesseur qui a bâti son terrain, tel qu'il se trouve, son terrain agrandi par les constructions, qu'y a établies le possesseur.

Mais il n'est pas tenu de les prendre pour lui. Il peut répudier ces constructions, et ne pas en vouloir. Cette faculté résulte pour lui de l'art. 555. Aux termes de cet article, il a le droit d'obliger le constructeur à démolir à ses frais; il peut même le faire condamner à des dommages et intérêts, si son fonds s'est trouvé détérioré par le fait de la construction.

Que s'il oblige le constructeur à démolir, ce dernier, quel que soit le préjudice qu'il éprouve, ne pourra pas se plaindre. En effet « celui-là ne lèse point autrui qui ne fait qu'user de son droit. »

A quel titre se plaindrait, d'ailleurs, le possesseur de mauvaise foi? Qu'importe qu'il éprouve un préjudice considérable? Il est en faute d'avoir construit sur un fonds qui n'était pas à lui; il ne devait pas construire; il savait très-bien que, d'un moment à l'autre, il pourrait être contraint d'abandonner son fonds, et, par conséquent, aussi sa construction, pour le restituer à son légitime propriétaire. Il est juste qu'il supporte les suites de son imprudence grave. S'il se plaignait au propriétaire revendiquant de la perte considérable qu'il subira par la destruction de son bâtiment, ce dernier lui répondrait à juste titre : « Vous vous êtes exposé témérairement à cette perte, vous l'avez voulue; c'est vous-même qui vous êtes causé ce préjudice ; vous n'avez donc à vous en prendre qu'à vous-même. Pour moi, je ne suis pas cause du dommage qui vous arrive, et je ne m'enrichis pas à vos dépens; dès lors, vous n'avez rien à me réclamer.

Ce droit, d'obliger le constructeur à démolir ce qu'il a édifié, peut donc se justifier en raison et en équité.

Mais, direz-vous, il est en contradiction avec l'article 554.

Lorsque c'est le propriétaire du sol, qui a fait des ouvrages, avec des matériaux, qui ne lui appartenaient pas, la loi ne permet pas au propriétaire des matériaux de demander la destruction des ouvrages, pour reprendre ses matériaux, et il y a des raisons puissantes d'intérêt privé et d'intérêt public, à ce que la loi s'oppose à la dévastation d'ouvrages, une fois accomplis.

Que voyons-nous ici, au contraire? La même loi, autorisant le propriétaire du sol, lorsque c'est un tiers qui a fait les ouvrages, avec ses matériaux, autorisant ce propriétaire à exiger la destruction de bâtiments, au grand détriment de l'intérêt particulier et de l'intérêt général, destruction dans laquelle toutes les valeurs employées, fer, bois, matériaux vont se perdre, et s'anéantir; l'autorisant, par exemple, à démolir un magnifique hôtel, ou une maison, qui a coûté des sommes considérables. Est-ce qu'un tel droit n'est pas exorbitant et sauvage? Et pour quel motif, la loi qui le repousse dans l'art. 554, le concède-t-elle dans l'article 555?

Cette objection, il faut le reconnaître, est sérieuse; cependant, il n'est pas impossible de justifier la différence, qui existe entre les deux hypothèses, en sorte qu'il n'y a réellement pas contradiction de principes dans la loi.

D'abord, on peut dire que l'atteinte portée au droit de propriété, est beaucoup plus grand dans le cas de l'art. 555, que dans celui de l'art. 554.

Le législateur a considéré, en outre, que l'intérêt général de la société elle-même demandait que le possesseur de mauvaise foi, qui a construit sciemment sur le terrain d'autrui, qui a violé un droit sacré, fût soumis à une réparation exemplaire, et qu'il supportât la peine de sa mauvaise foi.

Nous pouvons ajouter surtout, qu'il pourrait être souvent très-onéreux pour le propriétaire du sol d'être obligé de conserver, et, par conséquent, de payer des travaux qu'il n'aurait pas faits, qu'il n'aurait pas voulu faire, quand bien même cela lui eût été possible, et qu'il ne serait pas équitable de lui imposer nécessairement cette obligation, vis-à-vis d'un possesseur de mauvaise foi, qui, sans doute, éprouvera un préjudice considérable, mais qui s'est mis lui-même volontairement dans la position où il se trouv

Au contraire, dans l'hypothèse de l'art. 554, la loi ne fait, en général, aucun tort au propriétaire des matériaux, en lui refusant le droit de les enlever, lorsqu'ils ont été employés, même de mauvaise foi, dans une construction par le propriétaire du sol. Avec l'argent que sera tenu de lui payer le propriétaire du sol, il pourra, presque toujours, se procurer facilement des matériaux semblables à ceux dont il a été dépouillé.

Quoi qu'il en soit, si ce droit de destruction, conféré au propriétaire du sol, peut se justifier, on ne peut s'empêcher de le trouver assez dur. Il ne faudra donc l'accorder, que quand on sera tout à fait dans les cas prévus par la loi.

Ainsi, pour l'accorder au propriétaire du sol revendiquant, il sera indispensable que la mauvaise foi du constructeur soit clairement établie. En cas de doute, lorsque le propriétaire du sol n'aura pas fait suffisamment cette preuve de la mauvaise foi du possesseur de son terrain, l'action en destruction des bâtiments devra lui être refusée.

De même, nous refuserons le droit de destruction au propriétaire du sol, quand il ne s'agira pas de constructions tout à fait nouvelles. Le législateur, dans l'art. 555, suppose, en effet, qu'il s'agit de constructions nouvelles. Ainsi, le propriétaire du sol n'aurait pas le droit de destruction, lorsque le possesseur aurait fait des travaux, qui se lieraient à des ouvrages préexistants, et ne seraient, en quelque sorte, que le complément intelligent et utile des ouvrages antérieurs, plutôt qu'un changement de la destination du terrain nu.

Non-seulement, l'art. 555 nous autorise à donner cette solution, en excluant implicitement de son application les constructions, qui ne sont pas tout à fait nouvelles, mais encore l'art. 1381. Cet article porte en effet que : « celui, auquel la chose est restituée, doit tenir compte, même au possesseur de mauvaise foi, de toutes les dépenses nécessaires et utiles, qui ont été faites pour la conservation de la chose. »

Par l'intercalation de ce mot *utiles* à côté du mot *nécessaires*, le législateur nous paraît avoir voulu donner aux juges le droit d'entendre l'expression *nécessaires* d'une façon un peu large.

Ils pourront l'appliquer, quand il s'agira non seulement d'une nécessité impérieuse, mais encore d'une nécessité relative, eu égard à l'état des biens et à toutes les autres circonstances de fait.

Nous estimons donc, que les magistrats auront, en cette matière, pour le cas où il s'agira d'appliquer l'art. 555 ou l'art. 1381, une certaine latitude d'appréciation, et qu'en conséquence, dans telle circonstance le propriétaire ne pourra point forcer le possesseur de mauvaise foi de détruire, et d'enlever les matériaux, qui ont été employés dans telle construction.

C'est ainsi que l'art. 555 pourra être modifié indirectement, dans une certaine mesure, par l'art. 1381, dans ce qu'il a d'un peu rigoureux.

Le propriétaire du sol, qui est en présence d'un possesseur de mauvaise foi, qui a construit, est en droit de le contraindre à démolir, mais il a également la faculté de conserver la construction que ce dernier a élevée.

S'il la conserve, il sera tenu d'indemniser le constructeur, conformément à ce principe d'équité, qu'il n'est permis à personne de s'enrichir aux dépens d'autrui ; mais quelle est la somme qu'il est tenu de rembourser au constructeur ?

Est-ce une somme représentant la plus-value ajoutée à son terrain, ou bien toutes les sommes qu'a dépensées le constructeur, en matériaux et en main-d'œuvre ?

L'art. 555 répond ainsi à cette question : « Si le propriétaire préfère conserver ces constructions, il doit le remboursement de la valeur des matériaux, et le prix de la main-d'œuvre, sans égard à la plus ou moins grande augmentation de valeur, que le fonds a pu recevoir. »

Cette disposition paraît assez équitable. Le propriétaire du sol n'étant pas tenu de conserver ces constructions, qu'il peut faire enlever, s'il les conserve, on peut donc en induire qu'il les approuve, qu'elles lui conviennent. En gardant pour lui la construction élevée par le possesseur de mauvaise foi, il ratifie en quelque sorte les actes que ce dernier a faits ; pourquoi, dès lors, le constructeur qui, en réalité, a fait l'affaire du propriétaire du sol, ne serait-il pas dans la position d'un gérant d'affaires, qui a bien administré l'affaire du maître ?

Le propriétaire du sol ne peut pas se plaindre que, la mieux-value ajoutée à son fonds est inférieure au montant de la somme qu'il est obligé de rembourser au possesseur de mauvaise foi, et qu'il éprouve un préjudice, car, on pourrait toujours lui répondre : « Si vous éprouvez une perte, c'est de votre bon vouloir, puisque vous n'étiez pas obligé à retenir la construction, établie sur votre terrain, par le possesseur de mauvaise foi. Il ne tenait qu'à vous d'éviter cette perte. »

D'ailleurs, il faut remarquer qu'en réalité, cette disposition, qui oblige le propriétaire du sol à rembourser, au possesseur de mauvaise foi, toutes les impenses, pourra très-bien ne pas être appliquée.

Dans la pratique, le propriétaire du sol peut considérer le possesseur comme étant de bonne foi, comme c'est son droit, car personne ne peut argumenter de sa mauvaise foi ; et, dans ce cas, il ne sera tenu qu'au remboursement de la mieux-value ajoutée à son fonds.

Très-souvent aussi, en menaçant le possesseur de mauvaise foi de la démolition de l'édifice qu'il a bâti, il forcera indirectement ce constructeur à lui abandonner sa construction, pour un prix peu élevé.

Par suite de cette transaction, il résultera assez souvent, qu'en fait le constructeur ne sera point remboursé de toutes ses impenses, par le propriétaire du sol, conformément à l'art. 555 3°.

Il arrivera fréquemment aussi, que le constructeur ne pourra point prétendre au remboursement de toutes les sommes qu'il a dépensées, en raison de ce qu'il sera tenu de faire état au propriétaire du sol revendiquant. Il peut, en effet, être constitué débiteur vis-à-vis le propriétaire à l'occasion de la possession du terrain qui n'est pas à lui, et, cela, pour plusieurs raisons.

Nous n'avons qu'à supposer qu'il a dégradé une partie du fonds, et qu'il a construit sur l'autre.

Mais il sera surtout obligé vis-à-vis le propriétaire du sol, parce qu'il aura perçu des fruits indûment, car le possesseur de mauvaise foi, aux termes de l'art. 549, est tenu de restituer la chose avec les fruits qu'il a perçus au propriétaire qui la revendique.

Il sera fait un total de ces dettes diverses, soit pour dégradations, soit pour fruits, et, dès lors, la compensation s'opérera entre les sommes qui sont dues au propriétaire du sol, par le constructeur possesseur de mauvaise foi, et celles qu'il doit à ce constructeur, jusqu'à due concurrence.

En résumé, la position du possesseur de mauvaise foi est assez dure. De deux choses l'une en effet : ou le propriétaire du terrain l'obligera à démolir ; dans ce cas, le prix, qu'il pourra retirer des matériaux, suffira à peine, dans beaucoup de cas, à démolir et à niveler le terrain, pour le remettre dans son ancien état ; souvent même, il pourra être condamné à des dommages et intérêts, parce que le terrain aura été détérioré ; ou bien, le propriétaire du terrain conservera la construction faite par le possesseur ; dans ce cas encore, il pourra éprouver un préjudice considérable, car il sera, en réalité, à la merci du propriétaire du sol qui, en le menaçant de lui faire démolir sa construction, obtiendra, très-souvent, cette construction, pour un prix très-peu élevé.

Mais cette perte, qu'il subira dans les deux cas, ne pourra-t-elle pas être couverte ? Cela dépend : il faut distinguer. Oui, il pourra être couvert de ce préjudice, quand il aura une action récursoire en garantie contre son auteur ; non, dans l'hypothèse contraire.

Tient-il, par exemple, le fonds sur lequel il a bâti, d'un donateur ou d'un testateur, il n'aura pas, en principe, d'action en garantie contre le donateur, et il ne pourra point se faire indemniser, en raison du préjudice qu'il éprouve à l'occasion de sa construction.

Est-il, au contraire, un acquéreur à titre onéreux en général, a-t-il acheté ce fonds, en principe, il jouira de l'action en garantie et, dès lors, une action en indemnité lui sera accordée.

Voici comment s'exprime à ce sujet l'art. 1634 : « Le vendeur est tenu de rembourser ou de faire rembourser à l'acquéreur, par celui qui l'évince, toutes les réparations et améliorations utiles qu'il aura faites au fonds. »

Cet article, étant aussi général que possible, comprend évidemment les constructions nouvelles, aussi bien que les simples améliorations. Et, bien qu'il ne soit relatif qu'à l'hypothèse, où c'est un acheteur qui a bâti sur le fonds d'autrui, nous en étendrons aussi le bénéfice à tous ceux qui, ayant droit à garantie, ont été évincés.

Le propriétaire peut réclamer les fruits produits par les travaux de construction, que le possesseur de mauvaise foi a fait exécuter ; en effet, ces fruits ont été produits par son terrain, dont les constructions sont une partie constitutive (540) ; il paraît, dès lors, équitable que, de son côté, il doive les intérêts de la somme que ces travaux ont coûté au possesseur, à partir du jour où il l'a déboursée.

On pourrait objecter cependant, que les intérêts ne courent au profit d'un créancier que quand la loi ou la convention des parties les fait courir, et que, dans notre cas, il n'y a point eu de convention entre le propriétaire du sol et le constructeur ; que, d'autre part, il n'y a aucun texte de loi qui accorde au constructeur des intérêts, en faveur de sa créance.

Nous répondrons que sans doute les intérêts ne courent, au profit d'un créancier, que quand il les a stipulés, ou quand la loi les fait courir à son avantage, mais qu'il ne s'agit point ici de véritables intérêts, réclamés par le possesseur au propriétaire, mais simplement d'un règlement de compte, portant sur les fruits à restituer au propriétaire du sol par le possesseur.

C'est avec beaucoup de raison que la Cour de cassation a fait remarquer que « les intérêts des sommes déboursées par le possesseur devaient être admis en dépense, comme déduction corrélative des fruits, loyers ou fermages que le propriétaire retirait des travaux exécutés sur son fonds. (Cassation, 9 décembre 1839.)

Si on n'accordait point, en effet, au possesseur le remboursement des intérêts des sommes qu'il a dépensées, le propriétaire du sol s'enrichirait à ses dépens, ce qui n'est point permis.

C'est bien le cas d'appliquer la maxime « *fructus non sunt nisi deductis impensis.* »

Il nous reste à examiner une dernière question. Le propriéraire du sol peut-il rentrer en possession de son fonds, avant d'avoir payé l'indemnité, qu'il doit au possesseur, en raison des constructions que ce dernier à édifiées sur son terrain, et qu'il veut conserver; en d'autres termes, le possesseur jouit-il du droit de rétention, jusqu'à parfait paiement de ses impenses?

Les auteurs sont partagés sur cette question.

Les uns décident que le possesseur n'a pas le droit de rétention.

Les autres prétendent qu'il jouit de ce droit.

Un troisième système distingue; d'après ses partisans, tantôt il jouira du droit de rétention, tantôt il n'en jouira pas. Les juges devront le refuser, en principe, mais, dans certains cas, et en raison de certaines circonstances, ils pourront l'accorder.

Les auteurs, qui soutiennent le premier système raisonnent ainsi: si le droit de rétention est moins, sous un rapport, qu'un privilége, on peut dire qu'il est plus, sous un autre rapport, et, finalement, c'est un droit de préférence, au profit d'un créancier à l'encontre des autres créanciers; or, les droits de préférence ne doivent s'accorder que quand un texte formel les consacre: il est de règle, en effet, qu'il y a égalité entre les créanciers d'un même débiteur (2092) à moins d'exception formelle.

Comme il n'y a aucun texte, dans la loi, qui établisse ce droit de rétention au profit du possesseur de mauvaise foi, il ne faut donc pas hésiter à le lui refuser.

Non-seulement, ajoute-t-on, il n'y a aucun texte dans la loi, qui consacre ce droit de rétention; il y a plus. Le législateur, en conférant le droit de rétention à certains créanciers, notamment dans les art. 867, 1673, 1749, 1948, a clairement manifesté l'intention de refuser ce droit, dans toutes les hypothèses, où il ne l'accorde point. C'est le cas d'appliquer la maxime: « *qui dicit de uno negat de altero.* »

Après tout, il n'y a rien que de très-juste à refuser au possesseur de mauvaise foi la faculté de retenir le fonds, sur lequel il a bâti, car, s'il est dans une position fâcheuse, c'est lui-même qui s'est mis dans cette position. De quoi peut-il se plaindre?

Ce premier système est adopté par une jurisprudence presque constante. (Voir jugement du tribunal de Bastia du 9 juillet 1856. Sirey, 56-2-404 et de Grenoble, 10 juillet 1860. Sirey, 61-2-21.)

Le deuxième système, qui accorde le droit de rétention, dans tous les cas, quand bien même le possesseur serait de très-mauvaise foi, quand même il serait un *prædo*, par exemple, enseigne que l'on doit accorder le droit de rétention au possesseur, parce que les trois conditions qui sont exigées, en principe, pour l'obtention du droit de rétention, se trouvent réunies, dans notre hypothèse.

Il y a en effet 1° détention d'une chose; 2° obligation de restituer cette chose par le détenteur à son maître; 3° obligation, à la charge du propriétaire du fonds, de payer au possesseur de mauvaise foi, les impenses qu'il a faites, à l'occasion de cette chose.

Lorsque ces trois conditions se trouvent réunies, le principe du droit de rétention existe, car les parties se trouvent, l'une envers l'autre, dans la même position. N'est-il pas équitable que l'une des parties ne puisse réclamer l'exécution de l'obligation, dont l'autre est liée envers elle, qu'autant qu'elle offre, de son côté, de remplir l'obligation corrélative à laquelle elle est tenue aussi, envers l'autre partie?

Nous repoussons l'un et l'autre de ces systèmes, comme étant trop absolus, l'un, dans un sens, et l'autre dans le sens opposé.

Nous écartons le premier, parce qu'il est trop rigoureux. En refusant, dans tous les cas, et quand même, le droit de rétention au possesseur de mauvaise foi, on le place dans une situation extrêmement fâcheuse. On peut lui faire perdre sa créance tout entière, et cependant, bien que, connaissant les vices qui ont empêché la translation de propriété du fonds à son profit, il peut, dans telle circonstance donnée, n'être pas bien coupable d'avoir construit. C'est, par exemple, un possesseur, qui a acheté l'immeuble d'un mineur, sans observer toutes les formalités de la loi, pour le prix que valait cet immeuble, et après avoir obtenu du tuteur la promesse de ratification de la part du mineur, et qui a ensuite établi une construction.

Lorsque le mineur, devenu majeur, réclamera son fonds, et en aura été remis en possession, il n'aura peut-être rien de plus pressé, ayant grand besoin d'argent, que d'aller vendre l'immeuble, pour en soustraire le prix à l'action du possesseur.

Dans cette hypothèse, et dans telle autre, que nous pourrions faire, où le possesseur, bien qu'il ne soit pas devenu propriétaire, en réalité, du fonds, n'a pas une bien grande imprudence à se reprocher, parce qu'il a construit, il serait inique qu'il pût être condamné à se défaire du fonds, qu'il a augmenté par des constructions, avant d'être indemnisé de ses impenses, surtout lorsqu'il courrait le danger de perdre sa créance s'il restituait le fonds, avant d'être remboursé des sommes auxquelles il a droit.

Nous répondrons, en outre, aux partisans du premier système que si la loi a accordé le droit de rétention dans certains cas, il n'en résulte nullement qu'elle l'ait refusé, dans toutes les hypothèses, où elle a gardé le silence, sur ce point. L'argument *a contrario* n'a aucune valeur, dans une matière, qui est toute d'équité.

Nous écarterons également le deuxième système, en principe du moins, parce qu'il sera souvent contraire aux principes d'équité qu'il invoque.

Si la créance du possesseur de mauvaise foi est respectable, le droit qu'a le propriétaire du sol, sur son terrain, l'est encore davantage, et dans beaucoup de cas, il serait souverainement injuste qu'il ne pût rentrer dans son fonds, parce qu'il ne peut payer les sommes qu'il doit au possesseur, par suite des constructions qu'il a plu à ce dernier d'élever sur un fonds, qu'il savait très-bien n'être pas à lui.

En définitive, comme il n'y a dans notre Code aucun texte formel, qui accorde le droit de rétention au possesseur, mais comme, d'autre part, il n'y en a aucun, non plus, qui le lui refuse, le troisième système nous paraît devoir être adopté.

Cette question du droit de rétention sera laissée à la prudence et à la sagesse des tribunaux. Conformément aux règles si sages de la loi 38 *de rei. vind.* Dig., ils donneront des décisions diverses, suivant les cas.

En principe, ils refuseront le droit de rétention au possesseur, parce qu'il est, en principe, conforme à l'équité que le propriétaire du sol puisse rentrer dans son fonds, alors même qu'il ne peut payer à l'instant toutes les sommes qu'il doit rembourser au constructeur; il n'a rien, en effet, à se reprocher, tandis que le possesseur peut avoir des fautes graves à se reprocher;

ainsi, ils le refuseront, quand le possesseur sera un *prædo,* de même, lorsque sa créance sera parfaitement assurée, le propriétaire du sol étant très-solvable.

Au contraire, ils pourront subordonner la condamnation en délaissement du possesseur, au paiement de l'indemnité, qui lui est due, par le propriétaire du sol, quand il y a lieu de craindre, par exemple, que le propriétaire du sol, une fois remis en possession, ne se hâte de vendre son fonds pour en dissiper le prix.

Ils pourront, aussi, ne point laisser rentrer le propriétaire du sol dans le fonds, tant qu'il n'aura pas désintéressé le possesseur, lorsque l'imprudence de ce dernier est très-excusable.

CHAPITRE II

DES CONSTRUCTIONS ÉLEVÉES PAR UN POSSESSEUR DE BONNE FOI.

Une personne a acquis de son voisin une prairie, un champ, ou tout autre terrain, par voie d'achat, croyant à tort que ce voisin en avait la propriété, et que, par conséquent, elle en était devenue propriétaire ; elle a été mise en possession de ce fonds ;

Ou bien le terrain lui a été donné par legs ; l'héritier le lui a délivré. Plus tard, un codicille a été découvert, qui annulait ce legs; elle détient donc le terrain sans cause, et elle n'a pu en devenir propriétaire.

Plus généralement, une personne a été mise en possession d'un fonds, par suite d'un acte translatif de propriété, et elle est de bonne foi ; elle a cru être devenue propriétaire de ce fonds, mais comme, en réalité, un obstacle légal s'y opposait, elle n'en est point devenue propriétaire. Cette personne élève une construction, sur ce terrain, dont elle a été mise en possession, croyant construire non point sur le terrain d'autrui, mais sur son terrain propre, quels droits naîtront-ils, par suite de l'établissement de cet édifice?

Nous dirons, d'abord, que le possesseur de bonne foi, comme le possesseur de mauvaise foi, aura sur sa construction un droit de même nature que celui qu'il a sur le sol, un droit réel et immobilier, selon plusieurs auteurs.

Comme le possesseur de mauvaise foi, qui a construit, attendu qu'il possède le bâtiment qu'il a élevé au même titre que le sol, il pourra défendre sa construction au moyen des actions possessoires, complainte et réintégrande.

Comme le possesseur de mauvaise foi, et même *a fortiori*, il sera présumé propriétaire des constructions, aussi bien que du sol qui les soutient, et, ce sera au propriétaire véritable à faire la preuve de sa propriété. Comme lui, en principe, il pourra espérer devenir propriétaire incommutable de la construction, qu'il aura élevée, en acquérant la propriété du fonds par l'usucapion ; il arrivera même plus facilement à la prescription du fonds que le possesseur de mauvaise foi.

Plus généralement, il jouira des avantages attachés à la possession de sa construction, au même titre qu'à celle du sol.

Mais, pas plus que le possesseur de mauvaise foi, bien qu'il ait de bonnes raisons pour penser qu'il a construit sur un fonds qui lui appartenait, bien qu'il ait, comme disaient nos anciens commentateurs, une *conscientia illæsa quæsiti dominii*, il n'aura la propriété de la construction qu'il a élevée, à ses frais. Pas plus que lui, il ne pourra prétendre, nonobstant sa bonne foi, même à un droit de copropriété, sur cette maison, en concurrence et par indivision avec le propriétaire véritable du terrain. Ce propriétaire pourra également lui dire : « Vous avez construit sur un terrain qui est à moi, dès lors, en vertu de mon droit d'accession consacré par divers articles, je suis propriétaire de cette construction, aussi bien que du sol sur lequel elle est bâtie; restituez-moi, en conséquence mon terrain, tel qu'il se trouve, avec la construction que vous y avez édifiée. »

Sous le rapport de la question de propriété sa position n'est donc point meilleure que celle du possesseur de mauvaise foi, mais elle lui est bien préférable, sous un autre rapport.

Le propriétaire du sol, nous le savons, lorsqu'il est en face d'un possesseur de mauvaise foi, qui a construit, est en droit de demander la destruction des travaux que ce dernier a exécutés, mais, cette faculté ne lui appartient pas, quand il est en présence d'un possesseur de bonne foi. Il ne peut pas dire au possesseur de bonne foi : « Démolissez et remettez les choses, comme elles étaient avant la construction. » Il est constitué propriétaire, en quelque sorte forcé, des bâtiments que le possesseur de bonne foi a édifiés sur son terrain, en reprenant son terrain, il devra reprendre aussi les édifices que ce dernier y a faits.

Cette différence entre le possesseur de bonne foi et celui de mauvaise foi, est écrite dans l'art. 555. Le dernier alinéa de cet article est ainsi conçu :

« Néanmoins, si les constructions ont été faites par un tiers évincé, qui n'aurait pas été condamné à la restitution des fruits, attendu sa bonne foi, le propriétaire ne pourra demander la suppression des dites constructions. »

Cette importante distinction entre le possesseur de

bonne foi et celui de mauvaise foi, il faut en convenir, est exprimée, d'une façon assez singulière. La première partie de l'article ne l'indique nullement, car elle est conçue dans les termes les plus généraux, et ce n'est qu'à la fin de l'article, et, dans son dernier alinéa, que les rédacteurs ont ajouté une phrase qui, à elle seule, modifie profondément la première, dans ce qu'elle a d'absolu, et qui, loin d'y faire suite, s'en sépare, au contraire, pour former la deuxième branche de la distinction consacrée par l'article.

Cette forme de rédaction s'explique, par ce fait que le dernier alinéa n'a été ajouté qu'après coup. Le projet de l'art. 555 n'établissait aucune distinction, entre les divers possesseurs qui avaient construit ; le droit de démolition était accordé aussi bien, à l'encontre du possesseur de bonne foi, qu'à l'encontre du possesseur de mauvaise foi. Mais cette faculté parut trop rigoureuse à la section de législation ; en conséquence, le conseil d'État, sur l'observation de cette section, se borna à insérer cette dernière phrase, au lieu de refondre l'article tout entier.

On ne saurait trop approuver les rédacteurs du Code d'avoir ajouté cette exception au principe du droit de destruction vis-à-vis les tiers qui ont construit, sur le fonds d'autrui ; en effet, comme nous l'avons fait observer, c'est un droit sauvage, et bien dur déjà, quand il est exercé contre un possesseur de mauvaise foi.

Or, personne ne contestera que, le possesseur de bonne foi doit être mieux traité que le possesseur de mauvaise foi.

En effet, le premier n'a rien à se reprocher; il

croyait que le terrain, en possession duquel il avait été mis, lui appartenait dûment, et il avait des raisons très-plausibles de le penser. Il n'était donc pas téméraire de sa part de construire, sur un terrain qu'il regardait comme sien, étant en droit de le considérer comme tel.

Bien différente est la situation du possesseur de mauvaise foi.

Il a construit sur un fonds qu'il savait très-bien ne pas être à lui ; il n'ignorait pas que, d'un moment à l'autre, il pouvait être dépouillé de son fonds, et de la construction qu'il élèverait. Il devait donc s'abstenir de faire des travaux.

On peut toujours lui répondre que, s'il éprouve un préjudice considérable, par suite de la démolition de l'édifice, à laquelle il est contraint, c'est lui-même qui se l'est causé, et qu'il ne peut s'en prendre qu'à lui-même.

Mais, si, équitablement, le législateur a dû refuser au propriétaire du sol le droit de démolition des travaux, vis-à-vis le possesseur de bonne foi, en raison de sa bonne foi, équitablement, aussi, il a dû ne pas imposer à ce propriétaire du sol, l'obligation de payer au constructeur le montant intégral de ses dépenses, en matériaux et en main-d'œuvre, car, très-souvent, elles sont supérieures à la mieux-value créée sur l'immeuble par l'établissement des constructions : aussi, lui a-t-il donné le choix de payer au possesseur de bonne foi l'augmentation de valeur ajoutée au fonds, ou la valeur des matériaux et le prix de la main-d'œuvre.

Tout ce que l'équité exige, c'est que le propriétaire

du sol ne s'enrichisse pas aux dépens du constructeur. Du moment où il ne s'enrichit pas, le constructeur n'a pas à se plaindre; d'autre part, il suffit, en bonne justice, que le constructeur soit indemnisé des impenses qu'il a faites. Quelle réclamation pourrait-il élever, lorsque, la valeur de construction étant supérieure aux sommes qu'elle a coûté, le propriétaire du sol ne lui rembourse que ce qu'il a dépensé, puisqu'il n'éprouve aucun préjudice?

Voici comment s'exprime, à ce sujet, le dernier alinéa de l'art. 555 :

« Néanmoins, si les constructions ont été faites par un tiers évincé, qui n'aurait pas été condamné à la restitution des fruits, attendu sa bonne foi, le propriétaire ne pourra demander la suppression des dits ouvrages et constructions; mais, il aura le choix ou de rembourser la valeur des matériaux et le prix de la main-d'œuvre, ou de rembourser une somme égale à celle dont le fonds a augmenté de valeur. »

Le propriétaire prendra évidemment le premier parti, lorsque la plus-value, ajoutée au fonds, dépassera le montant des déboursés faits par le constructeur;

Il prendra le second, au contraire, quand la plus-value sera inférieure aux sommes qu'ont coûté les constructions.

Mais en quoi doit consister cette augmentation de valeur, et de quelle manière faut-il l'apprécier?

En règle générale, comme l'enseignait Pothier, il faut considérer l'augmentation de la valeur vénale, de la plus-value, enfin, qui serait réalisable en argent, si l'immeuble était aliéné. Cette règle, conforme à ce qui se pratique presque toujours en fait, est effectivement exempte d'arbitraire, et d'une application sûre et facile.

Mais elle pourra très-bien ne pas être suivie par les tribunaux, à qui doit être laissé le droit d'y déroger, suivant les circonstances de la cause.

C'est ainsi que la Cour de cassation a dérogé à cette règle, dans une espèce, où il s'agissait d'un immeuble affecté à une destination toute spéciale (le Mont-Valérien, maison religieuse), et à l'égard duquel on ne pouvait guère apprécier, sous le rapport vénal, la plus-value de constructions précisément faites en vue de la destination spéciale d'un établissement, qui ne devait pas être vendu.

Elle a fort bien décidé, selon nous, que, dans cette espèce, la plus-value, à rembourser au tiers, qui avait fait des constructions de bonne foi, devait consister dans la valeur intrinsèque et utile ajoutée à la propriété (26 juillet 1838, Dev. 1838, 1. 781).

Cette latitude d'appréciation, que nous reconnaissons aux tribunaux, nous paraît découler de la généralité de l'art. 555.

D'ailleurs, la solution que nous venons de donner, est conforme à l'équité ; telle construction, qui, si elle était vendue, vaudrait un prix considérable, peut très-bien ne valoir qu'un prix bien inférieur, pour le propriétaire du sol, et il ne serait certainement pas juste que, dans ce cas, ce propriétaire fût contraint de payer au constructeur tout ce qu'il pourrait en retirer, si elle était mise en vente, à son profit. L'équité veut qu'il ne soit tenu que jusqu'à concurrence de la valeur utile qui a été apportée à son fonds par l'établissement de la construction, eu égard à sa position.

Nous avons établi que le possesseur de mauvaise foi, qui a construit, a droit aux intérêts de la somme que ses travaux lui ont coûtée, à compter du jour où il l'a déboursée; en faut-il dire autant du possesseur de bonne foi?

Si nous en avons donné cette solution quant au possesseur de mauvaise foi, c'est que, si on ne lui eût pas conféré ce droit, on eût consacré, à son égard, une grande injustice, attendu que le propriétaire du sol se serait enrichi à ses dépens, en percevant les fruits produits par la construction, sans rien débourser, pour cette augmentation de revenus.

Mais la même raison n'existe pas, quand il s'agit du possesseur de bonne foi, car ce dernier a perçu les fruits produits par la construction qu'il a établie sur le terrain d'autrui, et non le propriétaire de ce terrain. A quel titre, viendrait-il, dès lors, réclamer les intérêts de ses déboursés?

Il n'y a donc aucun motif pour lui accorder ce droit.

Le droit du possesseur de bonne foi à la plus-value résultant des constructions, par lui faites, doit-il se compenser avec les fruits par lui perçus?

Il y a sur cette question trois systèmes.

Les partisans du premier système prétendent que, le droit du possesseur de bonne foi à la plus-value, doit se compenser avec les fruits qu'il a perçus.

Ce système s'appuie sur le droit romain et sur l'ancien droit.

Plusieurs lois romaines, en effet, notamment la loi

48 *d. r. v.* et la loi 37 *de hered. petitione*, admettaient cette compensation.

Si, disait-on, le propriétaire du sol ne doit pas pouvoir réclamer la construction établie, sur son terrain, sans indemniser le constructeur de bonne foi, il est juste que ce possesseur, à son tour, ne puisse s'enrichir, avec les fruits qu'il a employés à élever cette construction, que, par conséquent, il y ait compensation entre les fruits et les impenses dues pour travaux, jusqu'à due concurrence.

Cette doctrine, dit-on, était aussi celle de Pothier dans l'ancien droit. Pothier, en effet (*Domaine de propriété* nos 343 et 349) ne fait que traduire et commenter la loi romaine, dont il adopte la solution sans la contester.

Elle doit encore être suivie de nos jours, attendu qu'elle est équitable, et que les rédacteurs du Code ne l'ont point répudiée.

Nous croyons devoir rejeter ce système, car les motifs, sur lesquels il s'appuie, n'ont aucune force.

Il est bien vrai que le droit romain, et un grand nombre d'auteurs, dans notre ancien droit, admettaient cette compensation. Elle était parfaitement logique alors. En effet, d'une part, le possesseur de bonne foi ne faisait siens que les fruits *consommés;* quant aux fruits *exstantes*, il en était comptable vis-à-vis le propriétaire du sol, qui revendiquait sa chose.

D'autre part, la législation romaine et celle de l'ancien droit présumaient que les fruits perçus, par le possesseur de bonne foi avaient été employés à élever la construction qu'il avait édifiée, que, par conséquent, ils étaient encore *exstantes.*

Le propriétaire du sol pouvait dire, à bon droit, au constructeur : « Voilà les fruits de ma chose, qui sont dans cette construction; ils m'appartiennent; vous devez donc me les restituer; vous êtes mon débiteur, en raison de ces fruits, et je suis le vôtre, parce que je conserve la construction, que vous avez élevée, et que je suis tenu de vous indemniser : opérons donc la compensation. »

A un tel langage le possesseur de bonne foi n'avait certainement rien à répondre.

Cette décision devrait encore, à coup sûr, être donnée sous le Code, si notre législateur avait reproduit la règle romaine et celle de l'ancien droit, qui obligeait le possesseur de bonne foi à restituer au propriétaire de la chose les fruits non encore consommés, et s'il avait encore admis cette présomption, à savoir que la construction, élevée par le possesseur de bonne foi, n'était, en quelque sorte, que la représentation des fruits perçus sur l'immeuble; mais, il est incontestable qu'il a repoussé et cette règle et cette présomption.

Il a repoussé, d'abord, cette distinction injuste entre les fruits *existants* et les fruits *consommés*, distinction qui, à notre avis, n'existait point à la belle époque de la législation romaine. Il l'a repoussée, disons-nous. Cela résulte clairement de l'art. 549. En effet, aux termes de cet article, le possesseur fait siens, quand il est de bonne foi, tous les fruits, sans aucune exception ; peu importe qu'ils soient consommés ou qu'ils existent encore.

La présomption du droit romain et de l'ancien droit a disparu aussi de notre Code, devant les motifs qui ont fait édicter l'art. 549. Pourquoi, en effet, le possesseur est-il dispensé de rendre les fruits produits par la chose d'autrui ? C'est parce qu'il est présumé les avoir dépensés *lautius vivendo*. S'il les a dépensés, il est bien évident qu'il n'a pas pu les employer dans la construction qu'il a élevée.

Cette construction qu'il a édifiée, c'est avec ses capitaux ; c'est avec son argent, qu'aux yeux du législateur, il a payé les matériaux et la main-d'œuvre.

Dès lors, il n'y a pas de place pour la compensation. Toute compensation suppose, en effet, deux personnes, qui sont respectivement créancières et débitrices l'une de l'autre ; or, ici nous n'avons qu'un débiteur, le propriétaire du sol vis-à-vis le possesseur qui, à son tour, n'est pas obligé à l'égard du propriétaire du sol.

Le premier système croule donc par sa base.

Nous pensons donc, avec les partisans du deuxième système que, la loi, dans l'art. 549, ayant dispensé le possesseur de bonne foi de toute restitution de fruits, on ne pourrait, sans violer le texte formel de la loi, le soumettre indirectement à une restitution véritable, dans la forme d'une imputation de fruits, sur les sommes à lui dues, pour causes d'impenses.

Nous rejetons, dans tous les cas, la compensation.

Un troisième système intermédiaire a été proposé par Marcadé. Sans doute, en principe, dit cet auteur, il faut rejeter la présomption sur laquelle est basée le premier système, parce qu'elle n'est plus admise sous notre Code; mais si, en fait, elle est vraie, si le possesseur du fonds, sans faire pour lui plus de dépenses que s'il n'avait recueilli les fruits, ne s'en servait que pour construire, il faut admettre la compensation.

Comme le premier système, nous repoussons ce système intermédiaire, parce qu'il a contre lui le texte de la loi, qui est absolu, et qui n'autorise pas des recherches semblables dans le patrimoine et les habitudes du possesseur. Il serait, en outre, d'une application très-difficile, et donnerait lieu à des procès, que le législateur a voulu précisément éviter.

Lorsque le propriétaire du sol est en présence d'un possesseur de bonne foi, qui a fait des constructions, il n'est tenu de lui rembourser que la mieux-value ajoutée à son fonds; il doit, au contraire, rembourser au possesseur de mauvaise foi tous les déboursés qu'il a faits. Ce possesseur de mauvaise foi, dira-t-on, est donc mieux traité, par le législateur, que le possesseur de bonne foi, et il y a contradiction entre ces deux dispositions de la loi, dans le même article.

Il n'en est rien; l'antinomie n'est qu'apparente. En effet, le possesseur de mauvaise foi est, en réalité, à la discrétion du propriétaire du fonds, qui, en déclarant qu'il veut user de son droit de démolition des bâtiments, pourra conserver les constructions édifiées par le possesseur de mauvaise foi, pour une somme bien inférieure à celle qu'elles ont coûté.

Il aura, par exemple, pour 20,000 fr., un édifice qui en vaut 40,000, tandis que, s'il était en face d'un possesseur de bonne foi, il serait tenu de lui rembourser toute l'augmentation de valeur, qui a été ajoutée à son fonds, c'est-à-dire, dans l'espèce, 40,000 fr.

D'ailleurs, le propriétaire du sol pourrait, en renonçant à réclamer la restitution des fruits, considérer le possesseur, comme étant de bonne foi et, par suite, se borner à lui offrir le paiement de la plus-value qu'il a créée sur son fonds. La bonne foi se présume, en effet (2268), et le possesseur ne serait pas recevable à argumenter de sa mauvaise foi pour obtenir le paiement de toutes ses impenses, au lieu de l'augmentation de valeur créée sur le fonds, car, « *nemo auditur allegans turpitudinem suam.* » Sa prétention à vouloir rendre sa position meilleure, par suite de sa mauvaise foi, serait immorale.

La vérité est donc que, le possesseur de mauvaise foi, loin d'être mieux traité que le possesseur de bonne foi, est à la merci du propriétaire du sol.

Le possesseur de bonne foi, qui a fait une construction, quand même il n'est pas forcé de démolir, pourra cependant éprouver un préjudice assez grave, par suite des constructions qu'il a établies.

Si, en effet, il a créé une belle construction, qui a ajouté au fonds une plus-value considérable, le propriétaire du sol ne manquera pas de ne lui payer que le montant de ses impenses, et se gardera bien de lui rembourser toute la plus-value.

Si, au contraire, il a fait une mauvaise affaire en construisant, quand, par exemple, il n'a pas beaucoup augmenté la valeur du fonds, et que la construction lui a coûté, néanmoins, une somme considérable, le propriétaire du terrain ne lui paiera assurément que l'augmentation de valeur ajoutée à son fonds.

Dans le premier cas, comme dans le second, il pourra perdre beaucoup par suite de l'éviction.

Mais, il faut observer que, comme le possesseur de mauvaise foi, il sera souvent dédommagé du préjudice qu'il éprouvera, au moyen de l'action récursoire en garantie, qu'il exercera contre celui dont il tient le fonds.

La créance du possesseur de bonne foi est-elle garantie par un droit de rétention?

La question de savoir, si le possesseur de mauvaise foi est autorisé à retenir l'immeuble, qu'il a agrandi par des constructions, jusqu'au paiement intégral de ses impenses, est controversée, et, trois systèmes sont en présence. Cette question est également controversée, quant au possesseur de bonne foi, et, trois systèmes sont également enseignés.

D'après un premier système, le possesseur de bonne foi, pas plus que le possesseur de mauvaise foi, ne jouit du droit de rétention, parce qu'il n'y a aucun texte pour le lui accorder, et que, les priviléges ne se créent point par voie d'analogie et d'interprétation.

Nous repoussons ce premier système, comme étant trop dur, et pour les mêmes raisons que celles que nous avons indiquées plus haut, à propos du possesseur de mauvaise foi.

Il faut rejeter aussi le système qui accorde, dans tous les cas, le droit de rétention au possesseur de bonne foi.

Nous estimons, qu'en principe, ce droit doit lui être accordé, mais que, dans certains cas, les tribunaux devront le lui refuser.

Si nous n'avons pas invoqué l'autorité de l'ancien droit, quand nous traitions du droit de rétention, à propos du possesseur de mauvaise foi, c'est que ce droit n'était point accordé, généralement, dans notre ancienne législation ; mais, nous sommes en droit d'invoquer cette autorité, et celle du droit romain, dans notre hypothèse, car il est incontestable que nos anciens jurisconsultes, à l'exemple des jurisconsultes romains, admettaient ce droit de rétention, au profit du possesseur de bonne foi.

Ce sont là des précédents, dont il faut tenir grand compte. Il est fort probable que les rédacteurs du Code n'ont point entendu innover sur ce point.

Nous accorderons d'autant plus volontiers le droit de rétention au possesseur de bonne foi, qu'il est parfaitement conforme à l'équité qu'il ne soit condamné à délaisser son fonds, qu'autant que le propriétaire du sol est disposé, de son côté, à remplir les obligations dont il est tenu, à son égard.

Ce droit, il faudra le lui reconnaître presque toujours, et ce ne sera que, dans des hypothèses très-rares, que nous le lui refuserons. Par exemple, lorsque les dépenses faites par le possesseur, dans les constructions qu'il a élevées, sont tellement considérables que le propriétaire du sol ne peut les rembourser, avant de rentrer dans son héritage.

C'était la décision que donnait Pothier, dans cette hypothèse, sous l'empire incontesté du droit de rétention ; elle est trop sage pour que nous ne la donnions pas aussi sous l'empire du Code.

Comme lui aussi, nous autoriserons les juges, lorsque

le propriétaire sera hors d'état de rembourser ses impenses au possesseur, à charger le propriétaire d'une rente, envers le possesseur, d'une somme à peu près égale à celle dont le revenu de l'héritage a été augmenté.

Ils pourront même affecter, par hypothèque, à la sûreté de cette rente, le terrain construit, afin de sauvegarder complétement la créance du constructeur.

Les intérêts des deux parties seront ainsi équitablement conciliés.

Plus généralement, ils pourront prendre telle ou telle mesure que leur dicteront l[eur]s lumières et leur sagesse, conformément aux disp[osi]tions si équitables de la loi 38 Dig. *de r. v.*

CHAPITRE III.

DES CONSTRUCTIONS ÉLEVÉES PAR UN LOCATAIRE.

Lorsque des conventions sont intervenues, entre le bailleur et le locataire; à l'occasion des constructions, que le locataire pourrait élever sur le terrain loué, ces conventions doivent recevoir leur exécution, si elles n'ont rien de contraire à la loi.

A ce sujet, des clauses diverses, soit quant au droit de propriété de la construction, soit quant aux indemnités à payer par le bailleur, dans le cas où il conserverait les constructions élevées par son fermier, peuvent intervenir entre les parties.

Ainsi, le propriétaire du sol peut conférer au preneur le droit de construire sur le terrain loué, en renonçant à son droit d'accession, sur la construction, que le preneur élèvera.

Le bailleur, sans renoncer à son droit d'accession, peut accorder au preneur l'autorisation de bâtir, à la condition qu'il pourra, à la fin du bail, reprendre les constructions élevées, par le preneur, suivant un prix fixé à dire d'experts.

Quelquefois même, le bailleur imposera au preneur l'obligation d'améliorer le terrain, en y faisant telle ou telle construction, et en se réservant le droit de reprendre ces édifices, à la fin du bail, sans payer aucune indemnité.

Nous laisserons de côté ces différentes clauses, ainsi

que beaucoup d'autres, usitées dans la pratique, pour ne nous occuper que des hypothèses, où des constructions auront été faites par un locataire, sans qu'aucune convention soit intervenue entre les parties sur la propriété future des constructions, ni quant au montant de l'indemnité à payer au locataire, lorsque le bailleur retiendra les bâtiments, qu'aura édifiés le preneur.

Un locataire élève une construction, quel droit aura-t-il sur ce bâtiment, abstraction faite de l'art. 518 du Code civil ?

Cela dépend. Si l'on admet avec Troplong, et quelques auteurs, que le preneur a un droit réel sur le sol qu'il a loué, il est incontestable qu'il a, également, un droit réel sur sa construction, et un droit réel immobilier, puisqu'il s'appliquera à un immeuble par nature.

Si l'on est logique, dans ce système de la réalité du droit du preneur, on est forcément conduit à tirer plusieurs conséquences, notamment les suivantes :

1° Le droit du locataire, sur le sol, et sur la construction ne tombera point dans la communauté légale, et appartiendra au légataire des immeubles, à l'exclusion du légataire des meubles.

2° Il pourra être donné en antichrèse, et non point en gage.

3° Les procès qui interviendront, entre le locateur et un tiers, touchant le sol et la construction, seront pour le locataire *res inter alios acta*, car il a un droit indépendant sur la construction et sur le sol, distinct de celui du bailleur.

4° Le locataire, comme l'usufruitier, sera en droit d'agir au possessoire ou même au pétitoire, dans la limite de son droit, contre les tiers possesseurs de la chose louée, à l'occasion et du sol et de la construction.

Le raisonnement devrait aussi forcer les partisans de ce système à dire que, le preneur est en droit d'hypothéquer son droit réel, mais, ils reculent devant cette conséquence, l'art. 2118 étant trop formel.

Quelques-uns d'entre eux rejettent même telle ou telle conséquence, que nous venons de déduire.

Pour nous, qui admettons, avec les partisans d'un second système, que le droit du preneur sur le terrain loué n'est point réel, mais simplement personnel et mobilier, nous sommes forcé de dire qu'il ne peut avoir de droit réel et immobilier sur le bâtiment qu'il a élevé, mais seulement un droit personnel et mobilier sur la construction, car, logiquement, son droit sur la construction ne peut être d'une nature différente de son droit sur le sol ; que, par conséquent, les conséquences que nous venons de tirer, doivent être rejetées.

Voilà à quelle solution conduisent les principes du louage. Nous devrons la donner nécessairement, s'il n'y a point, dans le Code, aucun article qui vienne modifier ces principes, en attribuant au locataire, qui a bâti un véritable droit réel immobilier, sur la construction qu'il a édifiée.

En présence de la généralité de l'art. 518, qui range les bâtiments dans la classe des immeubles par nature, sans distinguer, par qui ces bâtiments ont été élevés, certains auteurs, qui n'admettent nullement le système de Troplong, avec les conséquences que forcément on doit en faire découler, certains auteurs, disons-nous, ont effectivement prétendu que le droit du preneur, sur les bâtiments qu'il a élevés, est un droit réel, frappant un véritable immeuble par nature.

Pour nous, nous pensons que, nonobstant les termes absolus de l'art. 518, et abstraction faite, bien entendu, de l'hypothèse de la renonciation du bailleur au bénéfice du droit d'accession, le droit du preneur, sur la construction qu'il crée, n'est qu'un pur droit mobilier.

Sans doute, le locataire, qui élève un bâtiment sur le terrain loué, crée un immeuble par nature, mais il ne s'ensuit nullement qu'il ait sur ce bâtiment un droit de propriété immobilière. Cet immeuble par nature ne lui appartient pas ; il appartient au propriétaire du sol, comme étant l'accessoire du sol, aux termes des art. 546, 551, 552, 553 et 555.

Le locataire ne peut même prétendre à un droit de copropriété, en concurrence avec le bailleur, car la propriété tout entière des constructions élevées sur un terrain, est conférée au propriétaire de ce terrain à l'exclusion du constructeur.

Le propriétaire du sol, étant propriétaire exclusif de la construction élevée par le preneur, ce dernier ne peut en être propriétaire, en même temps : il est impossible, en effet, que deux personnes soient propriétaires à la fois, et, en totalité, d'une seule et même chose.

Mais, dira-t-on, le locataire, qui a bâti, jouit de l'immeuble ; il profite de sa construction, il l'habite.

Sans doute, répondrons-nous, il en jouit, mais, il en jouit au même titre que du sol, et il ne saurait en jouir à un titre différent. Il exploite les bâtiments, dans leur état d'immeubles, mais n'est-ce point là ce que fait tout locataire d'immeubles, et, pourtant, le preneur d'un bâtiment n'a point de droit immobilier. Pendant la durée du bail, le locataire, qui a élevé un bâtiment, n'a donc point de droit de propriété sur ce bâtiment.

A la fin du bail, a-t-il droit sur un immeuble par nature? Pas davantage. De deux choses l'une, en effet:

Ou le propriétaire du sol, le bailleur, l'obligera à démolir ; dans ce cas, son droit ne frappera que des matériaux, choses mobilières.

Ou il conservera le bâtiment, comme c'est son droit, puisqu'il en est propriétaire, en vertu de son droit d'accession, et, alors, le locataire aura contre lui une action en indemnité, comme nous le verrons plus loin. Son droit, dans ce cas, ne portant que sur une somme d'argent, sera donc essentiellement mobilier.

En définitive, quel que soit le parti que prenne le bailleur, à la fin du bail, le droit du preneur ne pourra être que mobilier.

Mais, ont dit encore les partisans du système opposé, les risques du bâtiment pèsent sur le locataire, jusqu'à la fin du bail; il faut donc le considérer comme propriétaire des constructions, qu'il a édifiées en vertu de la maxime « *res perit domino*. »

Nous répondrons, d'abord que, la maxime « *res perit domino* » a donné lieu à tant d'interprétations abusives, et qu'elle est si élastique qu'on ferait bien de ne l'employer dans aucune discussion ;

Que, spécialement dans notre espèce, elle ne prouve absolument rien, en faveur de la propriété du constructeur, sur le bâtiment qu'il a édifié. De ce que l'estimation de la plus-value, résultant des constructions faites par le preneur, est renvoyée à fin de bail, il n'en résulte nullement qu'il soit propriétaire de ces bâtiments. Tout ce qu'il faut en conclure, c'est que son droit à une indemnité est futur seulement, et conditionnel.

De ce que le droit du locataire, sur les édifices qu'il a élevés, n'est que mobilier, il résulte de nombreuses conséquences, dont voici les principales :

1° Le locataire, qui a construit un bâtiment, ne pourra pas l'hypothéquer, ni le donner en antichrèse, les immeubles seuls étant susceptibles d'hypothèque et d'antichrèse ;

2° Son droit, quant à la construction, tombera dans la communauté légale, et appartiendra au légataire de ses meubles ;

3° Ses créanciers personnels ne pourront pas pratiquer une saisie, sur les constructions qu'il aura élevées ;

4° Sa demande contre le locateur en paiement du prix d'estimation des bâtiments par lui édifiés, est personnelle et mobilière ; dès lors, c'est devant le tribunal du domicile du propriétaire, et non point devant le tribunal de la situation de l'immeuble, qu'elle doit être portée ;

5° Les impôts, mis à la charge du propriétaire, devront être supportés par le bailleur, et non par le preneur. C'est ce que la Cour de cassation a notamment décidé à l'occasion de l'impôt des 45 centimes établi par le décret du 16 mars 1848 ;

6° Si le locataire cède son droit au bail, avec son droit sur les constructions qu'il a édifiées, il ne cèdera qu'un droit personnel et mobilier. Une pareille cession ne sera donc point passible des droits de vente immobilière.

La Cour de cassation, qui, dans beaucoup de cas, a tiré les conséquences qui découlent de notre principe, a cependant prétendu qu'il y avait là une véritable cession immobilière, et cela, dans de nombreux arrêts.

Voici les principaux considérants de la Cour suprême : « Attendu, dit-elle, que, aux termes de l'art. 527 du Code civil, les biens sont meubles par leur nature ou par la détermination de la loi ; que suivant l'art. 518, les bâtiments sont immeubles par leur nature, qu'aucune détermination de la loi ne leur fait perdre ce caractère, et ne leur attribue la qualité de meubles, lorsqu'ils ont été construits par un autre que par le propriétaire du sol ;

» Que d'après l'art. 532, même Code, les matériaux provenant de la démolition d'un édifice, ceux assemblés pour en construire un nouveau, ne sont plus meubles, dès qu'ils ont été employés par l'ouvrier dans une construction.

» Attendu que c'est l'état actuel des choses qui détermine la qualité actuelle de meuble ou d'immeuble, et, qu'en matière d'enregistrement, la quotité des droits ne peut être déterminée que par la nature et la qualité de la chose vendue, au moment où la vente est effectuée. »

Cette décision de la Cour de cassation, qui est d'une jurisprudence constante, a été vivement critiquée par ceux qui prétendent que, le droit du locataire qui a construit, est purement mobilier.

Elle nous paraît néanmoins se justifier, au point de vue spécial de l'enregistrement, pour les deux motifs suivants :

La régie de l'enregistrement, à qui on présente un acte de vente, portant sur des constructions dont le caractère immobilier est incontestable, n'a point à s'enquérir de la question de savoir, si le vendeur est bien et réellement propriétaire de ces constructions.

Il est de règle, en matière fiscale, que les droits régulièrement perçus, d'après la teneur d'un acte ne sauraient être répétés, sous le prétexte que les énonciations parfaitement claires de cet acte n'expriment pas le véritable caractère des conventions intervenues entre les parties.

7° La cession faite par le preneur ne sera point soumise à la formalité de la transcription.

8° Le preneur, ne possédant pas plus la construction qu'il a faite, que le terrain sur lequel elle a été établie, ne pourra pas, à la différence de l'usufruitier, intenter la complainte à l'occasion de son bâtiment, parce que l'usufruitier possède, au moins, dans la limite de son droit, tandis que le preneur ne possède qu'au nom et pour le compte du bailleur, qui est le véritable possesseur et du sol et de la construction.

D'après la jurisprudence, et un grand nombre d'auteurs, il sera, néanmoins, recevable à intenter la réintégrande.

Si on admet, au contraire, qu'en vertu de la généralité de l'art. 518, les bâtiments sont même des immeubles par nature, vis-à-vis le locataire, les conséquences, que nous venons d'énumérer, se produiront, en sens contraire ; ainsi, les partisans de ce système admettent :

1° Que le droit du preneur est susceptible d'hypothèques et d'antichrèse ;

2° Qu'il ne tombe point dans la communauté légale, et ne compète pas au légataire des meubles ;

3° Qu'il peut être saisi par les créanciers personnels du preneur, etc.

Nous avons supposé que c'était un locataire ordinaire, qui avait fait des constructions sur le terrain loué. Quelle solution donnerons-nous, s'il ne s'agit point d'un locataire de ce genre ?

Ce principe, que le locataire n'a qu'un droit personnel et mobilier sur la construction qu'il a élevée, faut-il l'appliquer également, avec les nombreuses conséquences qui en découlent, au locataire qui a fait un long bail ; faut-il l'appliquer, surtout, au locataire à long terme, qui a obtenu la jouissance d'un terrain à bas prix, mais, à la condition d'y faire des améliorations, en d'autres termes, au locataire emphytéotique ?

Il est bien évident que, tous ceux qui, tout en rejetant l'opinion de Troplong, au sujet de la réalité du droit du preneur sur le terrain loué, n'en reconnaissent pas moins au profit du preneur ordinaire, un véritable droit immobilier sur la construction qu'il a élevée, doivent admettre, *a fortiori*, ce droit, avec toutes ses conséquences, au profit du preneur à long terme ou du preneur à emphytéose.

La difficulté ne peut donc naître que dans le camp de ceux, qui refusent au locataire ordinaire, un droit de propriété immobilière, sur la construction qu'il a élevée.

Sur ce point, les partisans du système que nous avons exposé, sont divisés.

La controverse, qui s'élève entre eux, vient de ce que la nature du droit du preneur à emphytéose est controversée elle-même.

Si on reconnaît au preneur à emphytéose un droit réel immobilier, dans le fonds qu'il a loué, il faut reconnaître aussi, comme immeubles, à son égard, les constructions qu'il aura élevées. Son droit sur ces constructions, comme celui de l'usufruitier, pourra donc être saisi, etc.

Si, au contraire, on reconnaît que le droit du preneur à emphytéose sur le terrain loué est de même nature que celui du preneur ordinaire, c'est-à-dire, mobilier et personnel, son droit sur les constructions qu'il aura créées sera également personnel et mobilier : de là, des conséquences analogues à celles que nous avons énumérées, à propos du locataire ordinaire.

Pour nous, nous pensons que, de nos jours, l'emphytéose, portant sur un fonds, n'est plus un droit réel immobilier. Il s'agit de le prouver.

Et, d'abord, occupons-nous de l'historique de la question. L'emphytéose était la concession d'un fonds inculte que l'une des parties livrait à l'autre, en général à perpétuité, ou pour un temps très-long, à la charge par le concessionnaire d'améliorer le fonds, et de payer une redevance annuelle.

Le contrat d'emphytéose n'était ni une vente, à proprement parler, ni un louage, mais une sorte de contrat particulier, participant et de la vente et du louage. C'est ainsi que l'a caractérisé l'empereur Zénon.

Le concessionnaire n'avait, en vertu de cette convention, ni un droit d'usufruit, car l'usufruit est essentiellement temporaire, ni un droit de propriété véritable, car le droit de propriété est un droit absolu sur la chose. Il avait un droit réel de jouissance, ayant beaucoup de rapports avec celui de l'usufruitier, mais s'en séparant, pour se rapprocher du droit de propriété. On pouvait dire que c'était un usufruit étendu.

Notre ancienne jurisprudence, qui admettait le morcellement de la propriété à l'infini, devait accueillir favorablement cette institution de l'emphytéose. Cette combinaison s'adaptait admirablement bien à l'organisation politique et sociale de la France : aussi, prit-elle une large place dans la législation.

Etrangère d'abord, par sa nature, aux institutions féodales, elle s'en rapprocha peu à peu, notamment du bail à cens.

Quant à la question de savoir, quels effets étaient produits, par le contrat emphytéotique, on était divisé. Les uns admettaient, dans tous les cas, la transmission, au profit du preneur emphytéotique, d'un domaine utile, que l'emphytéose fût perpétuelle ou seulement temporaire.

Les autres refusaient à l'emphytéote le domaine utile dans tous les cas.

D'autres distinguaient entre l'emphytéose temporaire et l'emphytéose perpétuelle ; d'après eux, l'emphytéote temporaire n'avait pas de domaine utile; l'emphytéote perpétuel avait un domaine utile.

Tel était l'état de l'emphytéose, quand survint la législation intermédiaire.

La loi du 18-20 décembre 1790 proscrit l'emphytéose perpétuelle, et laisse subsister l'emphytéose temporaire, en ces termes, dans son article premier :

« Il est défendu de créer, à l'avenir, aucune redevance foncière non remboursable, sans préjudice des baux à rente ou emphytéoses non perpétuels, qui seront exécutés, pour toute leur durée, et pourront être faits à l'avenir pour 99 ans et au-dessous, ainsi que les baux à vie, même sur plusieurs têtes, à la charge qu'elles n'excéderont pas le nombre de trois. »

Aucune loi, depuis, n'a fait revivre l'emphytéose perpétuelle; au contraire, l'art. 530 du Code civil maintient formellement, son interdiction : aussi, tout le monde est d'accord pour admettre que l'empythéose perpétuelle n'existe plus, de nos jours; le débat ne porte que sur l'emphytéose temporaire.

Deux lois rendues après celle du 18-20 déc. 1790, et avant la promulgation du Code, consacrent formellement l'existence de l'emphytéose. C'est celle du 9 messidor an III, et celle du 11 brumaire an VII.

Qu'a fait le Code? a-t-il conservé l'emphytéose temporaire? Pour soutenir l'affirmative, on a présenté des arguments de texte, et des arguments de législation.

Et d'abord, dit-on, l'empythéose temporaire était reconnue par l'ancien droit, et par la législation intermédiaire, par conséquent, elle existe encore, si le Code ne l'a abrogée, ni explicitement, ni implicitement.

Or, il n'y a dans le Code, ni abrogation expressive, ni abrogation tacite.

Ce n'est pas certainement la loi du 30 ventôse an XII, qui l'a abrogée, car cette loi n'abroge les lois antérieures que dans les matières, qui sont l'objet des lois composant le Code.

Or, le Code civil a passé complétement sous silence l'emphytéose.

Il y a plus, disent les partisans de ce système, non-seulement le Code n'a abrogé ni explicitement, ni implicitement l'emphytéose, mais il l'a maintenue lui-même et consacrée. Plusieurs de ses dispositions peuvent, en effet, s'y appliquer.

Mais, sur ce point, les défenseurs de l'emphytéose se divisent. Les uns rangent l'emphytéose dans le droit de propriété, que l'on peut avoir sur les biens, d'après l'art. 543; d'autres, la font rentrer dans le droit de jouissance, consacré aussi par l'art. 543.

A ces arguments de texte, on ajoute des considérations de législation.

Ce droit doit être maintenu dans l'intérêt du commerce et de l'agriculture, par conséquent, dans un intérêt public.

En effet, pour que le preneur se décide à créer de grands établissements industriels, ou à améliorer le sol par des travaux considérables, il lui faut autre chose qu'une jouissance précaire, limitée et incertaine d'un simple locataire, il lui faut, non une simple créance de jouissance contre le bailleur, mais un droit réel, dont il puisse se faire un moyen de crédit.

Ce droit, qui lui est indispensable, lui est donné précisément par le bail emphytéotique. C'est là, dit M. Duvergier, une convention pleine de prévoyance, et telle que la science économique n'a encore rien découvert de plus ingénieux, ni de mieux combiné.

Cette doctrine, que nous venons de résumer, est adoptée par une jurisprudence presque unanime; elle est aussi admise par un grand nombre d'auteurs; mais nous sommes profondément convaincu qu'elle est fausse, et que le Code a rejeté l'emphytéose.

Avant tout, il faut répondre aux arguments de nos adversaires.

Nous dirons, d'abord, que la disposition de la loi de 1790, qui maintient les emphytéoses temporaires, a été abrogée par la loi du 30 ventôse an XII.

Il est de principe, en matière d'interprétation, que lorsque la loi ancienne et la loi nouvelle statuent sur la même matière, et que la loi nouvelle ne reproduit pas une disposition spéciale de la loi ancienne, encore bien qu'elle n'en prononce pas l'abrogation formelle, cette disposition n'en est pas moins abrogée.

Or, il est hors de doute que les rédacteurs du Code ont traité cette grande question de savoir quels droits on peut avoir sur les biens. La législation actuelle, sur ce point, est complète; l'ancienne disposition de la loi de 1790 est donc abrogée.

Le Code n'a, du r te, parlé dans aucun de ses articles, de l'emphytéose, et ce n'est qu'en forçant le sens des mots, qu'on fait rentrer ce droit dans les art. 526, 543, 2118 et 2204.

Il est bien entendu, d'abord, que ce droit du preneur à long terme ne peut être considéré comme un droit de propriété. D'autre part, les rédacteurs du Code n'ont voulu désigner, sous le nom de droit de jouissance, que le droit d'usufruit, dont il est question au titre III, livre 2 du Code civil. Cela résulte jusqu'à l'évidence du rapprochement des art. 526, 543, 2118 et 2204.

Quant à l'argument de législation, il nous touche encore moins que les autres. En effet, la question n'est pas de savoir, s'il conviendrait de rétablir l'emphytéose, avec son ancien caractère de droit réel, mais si, en réalité, les rédacteurs du Code l'ont maintenue, or, nous pensons que ces rédacteurs l'ont repoussée pour les diverses raisons que voici :

1° L'art. 526 énumère les différents droits immobiliers, que l'on peut avoir sur les biens. L'art. 543 les différents droits réels. L'art. 2118 indique quels sont les biens susceptibles d'hypothèque, et l'art. 2204, quels sont ceux qui peuvent être saisis.

L'énumération de ces différents articles est évidemment limitative, car si elle ne l'était pas, autant vaudrait les rayer de notre Code.

S'il n'ont point parlé de l'emphytéose, c'est évidemment à dessein, c'est qu'ils ont entendu l'exclure et la rejeter.

Et ils ont voulu l'exclure, parce qu'elle donnait lieu

à une foule de procès. Etait-ce un droit véritable de propriété, ce droit d'emphytéose, ou constituait-il seulement un droit de jouissance, et un domaine utile sur la chose?

L'emphytéote était-il déchu de son droit en cas de non-paiement de la redevance? Dans quel cas était-il déchu? Avait-il le droit de se faire rembourser, à la fin du bail, de ses impenses pour améliorations? Sur toutes ces questions, la jurisprudence et la doctrine étaient remplies d'incertitude et de contradictions?

2° Les rédacteurs du Code, s'ils eussent voulu conserver ce droit emphytéotique, n'auraient pas manqué, assurément, de le réglementer, afin de faire cesser ces anciennes controverses. Et il eût été nécessaire de le régler, beaucoup plus que l'usufruit dont le Code s'est occupé, dans un titre tout entier, pour en déterminer la nature et les effets. De là, des controverses sans nombre, qui ont surgi, de nos jours, à l'occasion de ce droit, dans le système de ceux qui admettent encore l'existence de l'emphytéose.

De là, des contradictions dans la doctrine et la jurisprudence. Tel arrêt décide que la convention d'emphytéose rendra le preneur propriétaire à temps, et, pourtant, tel autre arrêt aura décidé que la propriété ne saurait être bornée par le temps.

Suivant les uns, le preneur à emphytéose aura un domaine utile sur le fonds; suivant les autres, au contraire, il n'aura qu'un simple droit réel comme l'usufruitier.

Celui-ci prétendra qu'il suffit, pour caractériser ce droit réel d'emphytéose, que le preneur n'ait qu'un loyer modique à payer, et un droit de longue durée; celui-là exigera, en outre, la charge par le preneur de faire des améliorations au fonds loué.

Qui ne reculerait devant de pareilles conséquences?

3° Si l'on admet l'existence de l'emphytéose, malgré le silence du Code, et son intention évidente de la rejeter, il sera bien facile de faire revivre tout cet attirail de démembrements de la propriété, si funestes au développement de l'industrie et de l'agriculture. On irait à l'encontre de l'esprit, qui a animé le législateur, quand il a rédigé le titre de la distinction des biens, car, il est incontestable qu'il a voulu dégrever la propriété des nombreuses charges féodales, qui pesaient autrefois sur elle, et l'organiser sur les bases solides du droit romain, sans que les particuliers puissent toucher à cette organisation, en y dérogeant par des conventions particulières.

Ajoutons que, si l'emphytéose a été fort utile dans l'ancien droit, où les propriétés foncières étaient concentrées dans un petit nombre de mains, elle ne présente plus, de nos jours, la même utilité.

Le bail, étant susceptible de toutes les modifications, qui peuvent entrer dans la convenance des parties, le législateur a pu penser, à bon droit, que « le contrat de bail serait désormais entre les cultivateurs et les propriétaires un intermédiaire suffisant. »

Il nous paraît donc hors de doute, que le Code n'admet plus l'existence de l'emphytéose.

Mais faut-il la rétablir? C'est ce qu'ont fait le Code belge, hollandais et italien.

Un grand nombre de jurisconsultes pensent qu'il

serait bon de suivre l'exemple des législateurs étrangers qui l'ont rétablie.

C'est aussi notre avis. Nous estimons, qu'à notre époque, au moment où le commerce et l'industrie prennent des développements considérables, il faut, autant que possible, favoriser toutes les institutions de crédit ; et que l'emphytéose, sans répondre à un besoin social, comme autrefois, peut encore rendre de grands services.

Le conseil d'État, sous le second Empire, avait élaboré un projet de loi, tendant à réglementer la convention d'emphytéose. Ce projet avait été communiqué au sénat, mais, cette assemblée ayant été abolie, et le conseil d'État dissous, par le gouvernement du 4 septembre, ce projet n'a pas pu recevoir de suite.

Espérons qu'il sera repris, et que, cette fois, il aboutira.

Si, comme nous venons de l'établir, l'emphytéose n'existe plus, il faut en conclure que, lorsque la jouissance d'un immeuble aura été cédée, pour un temps seulement, fût-ce même à titre d'emphytéose, ce contrat est regi tout à fait par les principes du louage.

Comme le locataire ordinaire, le preneur n'aura qu'un droit personnel et mobilier sur le terrain loué ; comme le locataire ordinaire, le locataire à long terme et le locataire emphytéotique, n'aura, par conséquent qu'un droit personnel et mobilier, sur les constructions, qu'il aura pu élever sur le terrain du bailleur ; de là, les conséquences suivantes :

1° Il ne pourra hypothéquer son droit ni le donner en antichrèse.

2° Ses créanciers ne pourront saisir ce droit sur lui, et aucune surenchère ne sera possible;

Plus généralement, il faudra tirer toutes les conséquences qui ont été déduites plus haut à l'occasion du locataire ordinaire.

Que si on admet avec la jurisprudence que le preneur emphytéotique a un droit réel immobilier sur le terrain loué, ayant dès lors un droit réel immobilier sur la construction aussi bien que sur le sol, il en résultera notamment :

1° Que le preneur emphytéotique pourra hypothéquer son droit sur les constructions comme sur le sol et qu'il pourra également le donner en antichrèse;

2° Que son droit ne tombera point dans la communauté légale et appartiendra au légataire de ses immeubles;

3° Que la cession qu'il en fera sera soumise à transcription;

4° Qu'elle sera passible des droits de mutation immobilière;

5° Que son droit pourra être saisi par ses créanciers personnels et qu'une surenchère sera possible;

6° Qu'il sera en droit d'exercer les actions possessoires à l'occasion de son fonds et à l'occasion de la construction qu'il aura édifiée.

En d'autres termes, il résultera de la doctrine de nos adversaires des conséquences diamétralement opposées à celles que nous avons déduites du principe que le droit du locataire ordinaire sur ses constructions n'est qu'un droit personnel et mobilier.

Nous venons d'examiner quels sont les droits du

locataire sur les édifices qu'il a élevés, qu'il soit un locataire ordinaire ou un emphytéote, examinons maintenant quels seront les droits du propriétaire du sol, bailleur, sur les constructions qu'y a élevées le locataire.

Comme tout propriétaire sur le fonds de qui un tiers a construit, le bailleur, aux termes des art. 546, 551, 552, 553, 555, est propriétaire des constructions que son locataire y a édifiées, comme étant les accessoires de la chose louée. Il peut donc les retenir et les conserver. Mais, si elles ne lui conviennent pas, il a la faculté d'en demander la suppression.

Ce droit est d'abord tout à fait équitable. En effet le locataire a bâti sur un terrain qu'il savait très-bien n'être pas à lui ; il n'ignorait pas qu'à la fin du bail, il serait tenu de restituer le fonds ; il y a témérité de sa part d'avoir construit, il est juste qu'il supporte les conséquences de son imprudence ou de sa faute. Et il serait tout à fait injuste qu'il pût obliger le bailleur à conserver des constructions qui ne lui conviennent pas, et qui grèveraient considérablement son patrimoine ; constructions que, du reste, il n'a pas commandées et à l'exécution desquelles il s'est peut-être même opposé.

Cette faculté est en outre consacrée à son profit par deux articles formels, par l'art. 555 et l'art. 1730.

Par l'art. 555 d'abord. Nous estimons que cet article est applicable aux constructions élevées par un preneur. Cette opinion a été contestée.

On a invoqué les mots suivants qui commencent la dernière partie de l'art. 555, « néanmoins si les constructions ont été faites par un tiers évincé qui n'aurait pas été condamné à la restitution des fruits attendu sa bonne foi. » Cette exception, a-t-on dit, écrite dans la dernière partie de l'article, suppose nécessairement qu'il s'agit dans la première partie d'un tiers évincé possesseur de mauvaise foi.

Or, le preneur n'est certainement pas un tiers évincé possesseur, car, d'une part, il ne possède pas, ne détenant la chose qu'au nom du bailleur qui possède ; d'autre part, si, à la fin du bail, il est tenu de restituer la chose au bailleur, il n'est point évincé, car, pendant la durée du bail, il a parfaitement qualité pour jouir de la chose.

Il en résulte que l'art. 555 n'est pas applicable au fermier.

Cet argument nous touche peu et nous répondrons : « Il est bien vrai que l'art. 555 *in fine* s'occupe d'un tiers évincé possesseur de bonne foi, d'où on peut conclure que très-certainement l'art. 555 *in principio* s'occupe du possesseur de mauvaise foi, qui a construit, mais il n'en résulte nullement que cet article, dans son commencement, ait trait uniquement aux constructions établies par un possesseur de mauvaise foi. »

Cette conséquence que déduisent nos adversaires est assurément forcée ; rien dans le texte n'autorise une pareille conclusion.

Tout ce que nous pouvons conclure, c'est que l'art. 555, *in principio*, est relatif principalement au possesseur de mauvaise foi, mais il n'exclut nullement le locataire. Cette disposition de l'art. 555 « lorsque des constructions ont été faites par un tiers et avec ses matériaux, le propriétaire du fonds a droit de les retenir ou d'obliger ce tiers à les enlever. » Cette disposition est aussi générale que possible; elle embrasse par conséquent, dans ses termes absolus, le locataire ainsi que les tiers qui ont construit sur le fonds d'autrui. Dès lors le bailleur jouit du droit de démolition vis-à-vis du preneur.

Le droit de destruction des travaux résulte aussi, avons-nous dit, au profit du bailleur, de l'art. 1730. Cet article dispose en effet que le preneur doit rendre au bailleur le terrain loué tel qu'il l'a reçu; s'il a reçu un terrain nu, il doit donc rendre un terrain nu. En d'autres termes, le bailleur a la faculté de faire remettre les choses dans l'état où elles étaient au moment où il a mis le locataire en possession. Il a donc le droit d'obliger le locataire à niveler le terrain loué, ou de faire détruire le bâtiment élevé par ce dernier.

En résumé, que l'on argumente de l'art. 555 ou de l'art. 1730, il faut reconnaître au bailleur le droit de demander la suppression des travaux de construction exécutés par son locataire.

Mais, s'il opte pour la conservation des bâtiments édifiés sur son terrain, quelle somme devra-t-il payer au locataire?

On est divisé sur cette question. Les uns admettent que le bailleur peut se libérer en bonifiant au preneur la mieux-value ajoutée à son terrain par la construction, et ils assimilent le preneur à un possesseur de bonne foi.

D'autres, en moins grand nombre, prétendent qu'il est tenu de rembourser intégralement la valeur des matériaux et le prix de la main-d'œuvre. Ils assimilent ainsi le preneur à un possesseur de mauvaise foi.

Nous croyons que cette dernière opinion est vraie. Selon nous, l'art. 555 étant applicable au fermier, doit s'appliquer tel qu'il se trouve. Il nous semble plus logique, puisque nous plaçons le locataire dans la première partie de l'art. 555, de décider que le bailleur aura le choix ou de demander la suppression des constructions avec dommages et intérêts, ou de les conserver en payant tout ce qu'elles ont coûté. Droit de demander la suppression établi au profit d'une personne, et si elle ne la demande pas, obligation à sa charge de payer la valeur des matériaux et le prix de la main-d'œuvre, nous paraissent deux choses corrélatives, car celui qui peut contraindre le constructeur à démolir est placé dans une situation analogue à celle où se trouve, d'après l'art. 555, le propriétaire du sol vis-à-vis d'un possesseur de mauvaise foi.

En admettant notre manière de voir, il faut logiquement décider que le bailleur est tenu de rembourser au preneur toutes ses impenses, alors même que l'on n'appliquerait pas l'art. 555 aux constructions élevées par un fermier, mais l'art. 1730.

Faut-il accorder le droit de rétention au preneur? Cela dépend du parti que l'on a pris sur la question de savoir si le droit de rétention doit n'être accordé que quand un texte formel de la loi l'accorde, ou s'il doit être généralisé par voie d'analogie.

Ceux qui admettent le premier parti le refusent tout naturellement au preneur.

Les partisans du deuxième système admettent presque tous le droit de rétention en faveur du locataire. C'est aussi notre opinion, car les deux parties sont tout à fait dans la même situation l'une vis-à-vis de l'autre.

CHAPITRE IV.

DES CONSTRUCTIONS ÉLEVÉES PAR UN USUFRUITIER.

Le droit de l'usufruitier, lorsqu'il porte sur un terrain, est un droit réel immobilier ; que si cet usufruitier s'avise de faire une construction sur le fonds dont il a la jouissance, le droit qu'il aura sur cette construction sera évidemment de même nature que son droit sur le sol ; il jouira au même titre et du sol et de la construction.

De ce que l'usufruitier qui a bâti a un droit d'usufruit sur sa maison et un droit d'usufruit immobilier, il résulte notamment :

1° Que son droit sur la construction sera susceptible d'hypothèque aussi bien que son droit qui repose sur le terrain, et qu'il pourra être donné en antichrèse ;

2° Qu'il pourra être saisi immobilièrement, et que le droit de surenchère devra être admis ;

3° Que la cession qu'il en fera sera passible des droits d'enregistrement exigés pour les cessions immobilières ;

4° Qu'il appartiendra au légataire de ses immeubles et ne tombera point dans la communauté légale ;

5° Que la transmission de son droit entre-vifs sera soumise à la formalité de la transcription ;

6° Qu'il pourra exercer l'action confessoire à l'occasion de sa construction, comme à l'occasion du sol sur lequel elle est établie, et aussi les actions possessoires.

Ce sont là autant de différences entre le locataire et l'usufruitier, attendu que, selon nous, le locataire qui a construit n'a qu'un droit personnel et mobilier sur les édifices qu'il a élevés.

Faisons observer que toutes les conséquences que nous venons d'énumérer se produiront, quelle que soit l'opinion que l'on ait sur la nature du droit de l'usufruitier, quant aux constructions qu'il aura créées, à la cessation de sa jouissance; soit que l'on admette qu'il puisse prétendre au droit d'enlèvement de ses constructions ou à une indemnité en argent, soit même qu'on lui refuse toute créance en indemnité, même le droit d'enlèvement des matériaux qui ont été employés dans la construction.

Quels vont être les droits du nu propriétaire?

Il est incontestable qu'il a le droit de conserver l'édifice construit par l'usufruitier : c'est, en effet, le droit de tout propriétaire sur le terrain duquel un autre que lui a fait un bâtiment. Mais ne peut-il pas aussi forcer l'usufruitier à démolir, comme le peut en principe tout propriétaire sur le fonds de qui un tiers a bâti ? Cette proposition est également incontestable. Ce droit de destruction résulte en effet : 1° Des principes de l'équité. Il ne serait pas juste que l'usufruitier, qui détient au nom et pour le compte du nu propriétaire un bien dont la jouissance fera certainement retour à ce dernier, puisse charger son patrimoine de dépenses considérables qu'il n'a pas commandées et qu'il ne veut pas garder pour son compte;

2° Cela résulte également de l'art. 555. Cet article, en effet, accorde à toute personne, sur le terrain de laquelle un bâtiment a été élevé, sans distinguer entre les différents constructeurs, le choix entre la faculté de conserver la construction à la charge d'une indemnité à payer au constructeur, et celle de demander la suppression des bâtiments ;

3° Des principes généraux de l'usufruit. L'usufruitier doit rendre la chose telle qu'elle se trouvait lors de l'établissement de l'usufruit. Le nu propriétaire peut donc le contraindre à remettre cette chose dans l'état où elle se trouverait si aucune construction n'avait été élevée, et par conséquent à démolir.

Que si, au contraire, cet édifice élevé par l'usufruitier lui convient, il peut bien certainement dire à l'usufruitier qu'il le garde pour lui. Dans ce cas, l'usufruitier a-t-il droit à une indemnité et peut-il, faute par le propriétaire de l'indemniser, au moins enlever les matériaux qu'il a employés ? C'est là une question très-controversée. Deux systèmes sont en présence.

Un premier système prétend que l'usufruitier, à la cessation de sa jouissance, n'a pas le droit d'être indemnisé de ses impenses pour constructions ; qu'il n'a pas même la faculté d'enlever ce qu'il a édifié, si le nu propriétaire refuse de l'indemniser.

Un deuxième système prétend que l'usufruitier, qui a bâti, a droit à une indemnité, conformément à l'art. 555 ; et que, faute par le nu propriétaire de vouloir l'indemniser, l'usufruitier a la faculté de démolir.

Le premier système s'appuie sur trois arguments principaux que nous allons exposer :

1° Argument historique. — Dans le droit romain, dit-on, c'était un principe constant que l'usufruitier ne pouvait jamais rien réclamer contre le propriétaire pour les constructions, pas plus que pour les autres améliorations qu'il avait faites sur le terrain du nu propriétaire, et qu'il ne pouvait pas même les enlever : « *postea neque tollere hoc neque refigere posse*, » dit la loi 7 Dig. titre 1, livre 15.

Ce principe avait passé dans notre ancienne jurisprudence. Ferrière, Domat, Pothier, l'admettaient. « Le droit de la douairière, dit Pothier notamment, étant un simple droit d'usufruit, qui ne lui donne que le droit de jouir des héritages sujets à son douaire dans l'état où ils sont, et qui ne lui donne point celui d'y construire des bâtiments de son autorité privée sans l'ordre du propriétaire, la douairière a été en faute de faire ces améliorations sans l'ordre du propriétaire ; elle ne peut en conséquence, ni elle ni ses héritiers, en avoir aucune répétition contre le propriétaire, qu'elle n'a pas dû constituer dans des dépenses qu'il ne voulait pas faire. »

« Il n'y a rien là, ajoute-t-il, de contraire à la règle : *nemo ex alterius detrimento locupletari potest*, car cette règle n'est applicable qu'à celui qui a fait des améliorations de bonne foi, et non point à celui qui en a fait de mauvaise foi ; il ne doit en avoir aucune répétition, car il est censé avoir voulu les donner, « *donasse videtur*. »

Seulement Pothier reconnaît à la douairière le droit d'enlever les choses apportées par elle dans la maison, qui ne sont pas devenues immeubles par nature, à la charge de remettre les choses dans leur premier état.

2° Argument de texte. — Cette doctrine de l'ancien droit, développée et expliquée par Pothier, a été consacrée presque littéralement par l'art. 599, ainsi conçu : « L'usufruitier ne peut, à la cessation de l'usufruit, réclamer aucune indemnité pour les améliorations qu'il prétendrait avoir faites sur l'immeuble, encore que la valeur de l'immeuble en fût augmentée; il peut seulement, lui ou ses héritiers, enlever les glaces, tableaux et autres ornements qu'il aurait fait placer, mais à la charge de rétablir les lieux dans leur ancien état. » Ce sont bien là les deux dispositions de Pothier.

D'une part, en ce qui concerne les améliorations, Pothier entendait par là, même les constructions nouvelles. L'art. 599, qui emploie ce mot d'après Pothier, l'emploie donc également dans le même sens; le mot *améliorations* a d'ailleurs, dans la langue du droit, un sens absolu, général, applicable aux constructions comme à tous autres ouvrages propres à augmenter la valeur d'une chose. C'est le sens qu'il reçoit dans les autres articles du Code civil où il se trouve, notamment dans les art. 861, 1634, 2133, 2175. Sous notre Code, comme du temps de Pothier, il ne peut prétendre à aucune indemnité.

D'autre part, pour ce qui est du droit d'enlèvement des matériaux, l'art. 599 ne l'accorde aussi, comme Pothier, que pour les immeubles par destination; il le refuse donc pour les constructions nouvelles.

3° Argument d'équité. — Si le propriétaire, ajoute-t-on, s'enrichit aux dépens de l'usufruitier, ce n'est pas injustement, et il est équitable que l'usufruitier n'ait ni le droit d'enlèvement, ni le droit de demander une indemnité : quand il fait des constructions sur le fonds d'autrui, il sait très-bien quel sort il adviendra à ces constructions; il n'ignore pas que le fonds appartient à autrui; il est en faute de construire sur ce fonds : qu'il subisse les conséquences de sa faute, rien de plus juste.

Bien différente est la position du possesseur de bonne foi et celle du possesseur de mauvaise foi. Le premier n'a rien à se reprocher, il n'a pas voulu faire de don au propriétaire du terrain ; car il croyait construire sur son terrain. Le second, il est vrai, a construit sciemment sur le fonds d'autrui, mais il a construit dans son intérêt, pour lui, et il a manifesté énergiquement l'intention de ne pas faire de donation au propriétaire du sol. L'usufruitier a consenti tacitement à ce que le propriétaire profitât après lui de ses travaux, ce qui peut d'ailleurs se concevoir, à raison de la longue étendue de son droit.

Nous allons d'abord répondre successivement à l'un et à l'autre de ces arguments.

Il est bien vrai que, dans le droit romain et dans l'ancien droit, l'usufruitier n'avait ni le droit de réclamer une indemnité, ni même d'enlever les matériaux ; mais le Code, plus conforme à l'équité, rejette cette doctrine de l'ancien droit. Si en droit romain ce droit était refusé à l'usufruitier, c'était en vertu de ce principe, que celui qui construit sur le fonds d'autrui est réputé faire présent de ses dépenses au propriétaire du fonds, quand il sait qu'il construit sur le fonds d'autrui; ce principe est également reproduit par Pothier dans son traité du douaire, avec les mêmes raisons à l'appui : « *donasse videtur.* »

Cette fiction de donation appliquée à tous les constructeurs de mauvaise foi qui avaient bâti sur le terrain d'autrui, usufruitier ou autre, a été repoussée par le Code comme étant contraire à ce principe, que « personne ne peut s'enrichir aux dépens d'autrui » et comme étant contraire à la réalité des faits. Rien n'est plus faux, en effet, que cette fiction. Celui qui construit sciemment sur le fonds d'autrui est loin de construire dans l'intérêt du propriétaire du sol, c'est uniquement pour lui qu'il bâtit. Cette maxime a été remplacée par la maxime tout à fait opposée : « *Nemo donasse præsumitur.* »

La preuve que cette fiction a été rejetée se trouve dans l'art. 555, aux termes duquel, toutes les fois que le propriétaire du sol veut conserver la construction qui a été élevée par autrui sur son fonds, il est tenu d'indemniser ce constructeur quel qu'il soit, quand bien même il serait de la plus mauvaise foi du monde. Certains auteurs ont objecté que cette présomption de libéralité avait été abandonnée à Rome dès le IIIe siècle, que Justinien l'avait mal à propos reproduite dans ses Institutes, et qu'elle ne pouvait expliquer la solution donnée à propos des constructions faites par l'usufruitier.

Il est vrai que cette présomption de libéralité avait été souvent attaquée comme étant en contradiction avec la vérité des faits, qu'elle avait même fini par perdre beaucoup de terrain; mais il n'en est pas moins vrai qu'elle n'avait pu être complétement déracinée.

La preuve en est que Pothier justifie la solution donnée à propos de l'usufruitier par cette présomption : « *donasse videtur,* » dit-il, comme disait Justinien avant lui.

Le texte de l'art. 599, dit-on, établit de la façon la plus certaine que la doctrine de l'ancien droit et du droit romain a été consacrée par le Code.

Nous ne croyons pas que cette preuve soit aussi certaine qu'on veut bien le dire; nous pensons au contraire que la double décision donnée par Pothier à l'occasion de l'usufruitier n'a point été reproduite par l'art. 599.

L'expression *amélioration* ne comprend point les les constructions. En réalité, autre chose est une amélioration, autre chose une construction nouvelle. Amélioration se dit d'une meilleure distribution des lieux, d'une distribution plus commode des appartements, des ornements et embellissements d'une maison.

Sans doute l'expression *amélioration* peut avoir un sens absolu; ainsi elle a certainement un sens absolu et embrasse même les constructions nouvelles dans les art. 861, 1437, 1634, 2133 et 2175; mais aussi elle peut très-bien n'avoir qu'un sens restrictif. Cela dépend des différentes matières dans lesquelles elle est employée. Si, dans les art. 1861, 1436, 1634, 2133 et 2175, cette expression, d'après l'esprit de la loi, comprend même les constructions nouvelles, il n'en résulte nullement qu'il en soit de même dans l'art. 599. Ce dernier article, étant une disposition d'exception, doit être restreint dans son application aux travaux qui constituent des améliorations, dans le sens propre du mot, et ne changent pas la nature propre et constitutive du fonds comme les constructions nouvelles.

Ce qui nous détermine encore à penser que, dans l'art. 599, le législateur a voulu exclure les constructions nouvelles, c'est qu'il a eu l'intention manifeste de tarir la source de toutes les contestations qui auraient pu s'élever, à la fin du l'usufruit, sur le point de savoir si la chose soumise à l'usufruit avait été ou non améliorée. Cette innovation résulte clairement des expressions suivantes : « *qu'il prétendrait avoir faites.* » Or des difficultés de pareille nature ne peuvent guère s'élever lorsqu'il s'agit de constructions nouvelles.

On dit enfin dans le système opposé : l'usufruitier a commis une faute en construisant sur un fonds qu'il savait être obligé de restituer à autrui, sans avoir jamais l'espoir d'en devenir propriétaire par usucapion. C'est là une faute très-grave ; donc il doit en subir les conséquences. Sa position doit être pire, d'après nos adversaires, que celle du possesseur de mauvaise foi, qui a au moins construit pour lui-même et dans son intérêt propre, et avec l'espoir d'arriver plus tard à usucaper le terrain.

C'est là, il faut l'avouer, un argument assez singulier. La vérité est que l'usufruitier n'a commis qu'une imprudence, tandis que le possesseur de mauvaise foi a usurpé le fonds d'autrui. Non, il est impossible de traiter plus durement l'usufruitier qui, après tout, n'a été qu'imprudent, que le possesseur de mauvaise foi, le *prædo*. Il sera assez puni par la menace de destruction qui sera suspendue sur sa tête.

Au surplus, les auteurs qui admettent ce système ne sont pas conséquents avec eux-mêmes. Ils reconnaissent, en effet, que le locataire a droit à une indemnité à raison des constructions qu'il a élevées, et que veut conserver le bailleur ; ou, au moins, qu'il peut enlever ses matériaux.

Or, le locataire, comme l'usufruitier, n'est qu'un détenteur précaire, qui sait très-bien qu'il construit sur un fonds qu'il sera tenu de restituer au bailleur sans espoir de pouvoir jamais l'usucaper.

Si l'on refuse à l'usufruitier le droit à une indemnité et à l'enlèvement des travaux, il faut aussi le refuser au locataire, car ils sont l'un et l'autre dans la même position. Bien plus, l'usufruitier a un droit dans le fonds, tandis que le locataire n'a qu'un droit purement personnel. Il faut donc, *a fortiori*, accorder à l'usufruitier les mêmes droits qu'au locataire.

En résumé, nous pensons que l'ancien droit et le droit romain n'ont point d'autorité dans notre matière ; que l'art. 599 est complétement étranger aux constructions nouvelles, et que l'usufruitier ne doit pas être dans une position plus dure que le possesseur de mauvaise foi.

En réalité, s'il est conforme à l'équité que le propriétaire du sol ait le droit d'obliger le constructeur à enlever ses matériaux, il n'est pas moins équitable que, si le propriétaire veut conserver les constructions que l'usufruitier a élevées à ses frais, il soit tenu d'indemniser cet usufruitier. Personne, en droit français, ne peut s'enrichir aux dépens d'autrui, et personne, d'autre part, ne doit être présumé avoir voulu faire une donation à un voisin, contrairement à la fiction romaine.

Nous estimons, au surplus, que, l'art. 555 étant absolu et embrassant dans sa généralité tous les constructeurs, doit être appliqué à l'usufruitier, et qu'il n'y a pas lieu de distinguer entre le locataire et l'usufruitier.

Le nu propriétaire sera donc tenu de payer le montant des frais s'il veut conserver la construction faite par l'usufruitier, ou de lui laisser enlever ses matériaux dans le cas contraire.

Cette opinion est partagée par un bon nombre d'auteurs, mais elle a contre elle des arrêts importants.

Nous avons mis le nu propriétaire en présence d'un usufruitier ordinaire. *Quid* lorsqu'il s'agira de bâtiments établis par un constructeur qui, sans être usufruitier proprement dit, perçoit néanmoins les fruits d'un fonds appartenant à autrui ? Faudra-t-il refuser à ce constructeur tout droit à une indemnité et le droit à l'enlèvement des matériaux, comme le font certains auteurs et des arrêts pour l'usufruitier ordinaire ?

Que dirons-nous, par exemple, des constructions faites par l'emphytéote ?

Pour nous, qui considérons le bail emphytéotique comme un bail ordinaire, nous reconnaîtrons, *a for-*

tiori à l'emphytéote le droit à une indemnité ou à l'enlèvement des matériaux.

Les partisans de l'opinion contraire sont forcés d'admettre la même solution que nous, car, en principe, il était reçu, dans l'ancien droit, que l'emphytéote avait droit à une indemnité. C'est encore là une contradiction de plus, à laquelle on aboutit dans le système que nous repoussons. L'emphytéose, en effet, n'est autre chose qu'un usufruit à longue durée, et en principe avec charge d'améliorer le fonds.

Si nous admettons cette créance en indemnité contre le nu propriétaire qui veut retenir les constructions établies par l'usufruitier et par l'emphytéote, *a fortiori* devrons-nous l'admettre, en général, en faveur 1° de la communauté usufruitière; 2° des père et mère qui ont la jouissance des biens de leurs enfants mineurs, quand des constructions ont été élevées sur le fonds de l'un ou l'autre des époux aux frais de la communauté, ou par le père ou la mère sur le terrain de leur enfant mineur;

3° Du mari qui perçoit les revenus de sa femme sous le régime sans communauté, même sous le régime dotal sur les biens dotaux ou paraphernaux.

En effet, ici, ni la communauté, ni le père, ni la mère, ni le mari, ne sont de véritables usufruitiers ayant un démembrement de la propriété. Ce n'est pas dans leur intérêt qu'ils perçoivent ces revenus, mais dans l'intérêt de leur famille en général, et pour remplir les charges du mariage. Moins que l'usufruitier ordinaire, ils doivent être présumés avoir voulu faire une donation.

Il faut remarquer qu'en principe les auteurs dont nous venons de combattre l'opinion n'admettent pas l'extension de l'art. 599 à l'établissement des constructions par le père, la communauté ou le mari ; le droit de jouissance, dans les dites hypothèses, n'étant pas un véritable droit d'usufruit.

La solution que nous avons donnée, nous l'appliquerons également au grevé de restitution, car il n'est pas un usufruitier proprement dit, mais un propriétaire sous condition résolutoire ; de même à l'envoyé en possession provisoire, qui, tout en faisant siens une partie des fruits, ne peut nullement prétendre à un droit réel sur l'immeuble ; de même enfin quand un créancier antichrésiste aura construit sur le terrain de son débiteur.

Elle devra être donnée aussi à l'occasion des constructions faites par un usager ou celui qui aura un droit d'habitation. Le droit d'usage, en effet, et le droit d'habitation ne sont que des usufruits restreints.

Cette solution est également admise par ceux qui refusent à l'usufruitier ordinaire tout droit à une indemnité ou à l'enlèvement des matériaux. Il n'y a pas lieu de présumer, disent-ils, que l'usager ait voulu faire une donation au nu propriétaire ; d'autre part, il n'a pu être indemnisé suffisamment de ses impenses par le simple usage qu'il a fait de la chose ou de l'habitation.

Reste à savoir si la créance de l'usufruitier est garantie par un droit de rétention. Ceux qui admettent la rétention pour toutes les hypothèses où il y a *debitum cum re junctum* doivent nécessairement admettre que l'usufruitier n'est pas tenu de se dessaisir du fonds sur lequel il a construit avant d'être désintéressé par le nu propriétaire.

Ceux qui refusent, au contraire, le droit de rétention à tous ceux qui ont fait des impenses sur un fonds, lorsque la loi ne leur accorde point expressément ce droit, doivent le refuser évidemment aussi à l'usufruitier, car aucun texte ne le lui accorde.

Pour nous, qui estimons qu'en l'absence de texte, cette question du droit de rétention a été laissée à l'appréciation des juges, nous donnerons la même solution qu'à l'égard du locataire. Les magistrats apprécieront, d'après les circonstances de la cause, s'il convient de ne donner au nu propriétaire le droit de rentrer dans son fonds qu'autant qu'il aura satisfait aux obligations dont il est tenu envers l'usufruitier constructeur. Si, par exemple, il y avait du danger pour la créance de l'usufruitier, ils pourraient fort bien subordonner l'obligation de délaisser l'immeuble au paiement par le nu propriétaire de la somme dont il est tenu vis-à-vis de l'usufruitier. Si, au contraire, il n'y avait aucun danger pour sa créance, ou si le nu propriétaire lui avait fait défense de construire, les tribunaux devraient permettre au nu propriétaire de rentrer dans son fonds, même avant d'avoir désintéressé l'usufruitier : en somme, ils jugeront *ex bono et æquo*, conformément à la loi 38 D. *d. r. v.* qui s'exprime ainsi : « *Bonus judex varie ex personis causisque constituet.* »

CHAPITRE V.

CONSTRUCTIONS ÉLEVÉES PAR LE PROPRIÉTAIRE SOUS CONDITION RÉSOLUTOIRE ET SOUS CONDITION SUSPENSIVE.

1re Section. — Par le propriétaire sous condition résolutoire.

Le propriétaire sous condition résolutoire n'a point sur sa chose un droit de propriété ordinaire certain et parfait; peut-être restera-t-il propriétaire, peut-être son droit viendra-t-il à s'évanouir. Dans l'intervalle, sans doute, il peut user, en principe, de la chose comme un propriétaire ordinaire. Mais que la condition résolutoire vienne à s'accomplir, il sera privé de sa chose, et il en sera privé d'une manière rétroactive en principe, de telle façon qu'il sera censé n'en avoir jamais eu la propriété; et par contre, celui à qui elle fera retour, sera présumé en avoir toujours été propriétaire.

S'il a élevé une construction, il ne sera pas certain de la conserver. Il l'aura peut-être créée pour lui, mais peut-être aussi pour autrui, car cette construction doit suivre le sort du sol auquel elle est incorporée et dont elle est devenue l'accessoire. S'il est tenu de restituer le sol, il devra la délaisser en même temps; et comme le propriétaire du sol sera censé avoir toujours été propriétaire, en réalité le propriétaire sous condition résolutoire aura construit sur le fonds d'autrui, et cette construction lui échappera comme le terrain sur lequel elle est établie.

S'il s'avise ainsi de bâtir, de quelle nature sera son droit sur la construction ?

Il sera évidemment de la même nature que son droit sur le terrain; car, du moment où la construction adhère au sol d'une façon intime, elle revêt sa nature; c'est-à-dire qu'il aura également un droit de propriété incertain et précaire sur la construction qu'il élèvera. La condition résolutoire qui affecte la propriété du terrain affectera également la propriété de la construction. Avant l'arrivée de la condition résolutoire, il pourra sans doute se dire propriétaire de la construction et exercer sur elle en principe tous les actes que peut faire un propriétaire. Il pourra aliéner ce droit de propriété en tout ou en partie, par exemple en le grevant de servitude, en l'affectant par voie d'hypothèque à la sûreté du paiement de sa dette; il pourra en disposer par acte à titre gratuit ou à titre onéreux, entre-vifs ou à cause de mort.

Son bâtiment, il peut le revendiquer, exercer l'action confessoire, l'action négatoire à son occasion; prétendre, par exemple, qu'il n'est pas grevé de telle ou telle servitude; qu'au contraire un droit de servitude y est attaché, par exemple la servitude *altius non tollendi* ou *tigni immittendi*, ou la servitude de vue.

De même, il aura la faculté d'exercer, à l'occasion de sa construction, les actions possessoires, la complainte et la réintégrande. Voilà, en résumé, tous les actes qu'il peut faire sur sa construction, jusqu'à l'arrivée de la condition; mais du moment où cette condition résolutoire sera accomplie, il sera réputé n'avoir jamais été propriétaire du terrain sur lequel il a bâti ; il aura donc, en réalité, construit sur le fonds d'autrui.

Quels seront les droits de celui à qui profitera l'événement de la condition résolutoire, sur la construction ?

Il est bien entendu qu'il pourra, en vertu de son droit d'accession, conserver les constructions que le propriétaire intérimaire aura créées ; c'est le droit qui compète à toute personne sur le terrain de laquelle autrui a bâti ; or le propriétaire sous condition résolutoire a bâti sur son terrain, puisqu'en vertu de la rétroactivité de la loi, il est réputé n'avoir pas été privé un seul instant de raison, de la propriété de son terrain.

Il est constant aussi qu'il ne pourra prétendre à la propriété des constructions élevées par le propriétaire sous condition résolutoire, sans avoir à indemniser ce constructeur : cette prétention serait, en effet, contraire au principe, que personne ne peut s'enrichir aux dépens d'autrui.

Mais sera-t-il tenu forcément de prendre ces constructions pour lui et de les conserver ?

Nous ne le croyons pas ; nous estimons, au contraire, qu'en thèse générale, le propriétaire révocable n'aura pu l'induire dans des dépenses aussi considérables que celles qu'exige la construction d'un édifice. En conséquence, nous croyons devoir décider en principe que celui à qui profitera la condition résolutoire pourra inviter le constructeur à démolir et à enlever ses matériaux. Ce droit de destruction nous paraît résulter :

1° De l'effet ordinaire des conditions résolutoires;

2° Des principes généraux qui gouvernent la matière des constructions établies sur le terrain d'autrui;

3° Des règles de l'équité et de la comparaison du propriétaire sous condition résolutoire avec le possesseur de mauvaise foi;

4° De l'art. 1673, qui applique notre principe au vendeur avec pacte de réméré.

Nous avons dit : 1° cela résulte des effets de la condition résolutoire. En effet, si un acte translatif de propriété est affecté d'une condition résolutoire, lorsque cette condition résolutoire s'accomplit, les choses sont remises dans le même état que si cet acte n'avait jamais eu lieu (1183). Le propriétaire sous condition résolutoire n'a donc, au yeux de la loi, pas construit sur un terrain qui était à lui, mais sur le terrain d'autrui. Or il est de principe, aux termes de l'art. 555, que lorsque des constructions ont été faites sur le terrain d'autrui, le propriétaire de ce terrain est reçu à démolir ces constructions. Cet article ne distingue pas entre les différents constructeurs; il n'est pas impossible d'y faire rentrer le propriétaire sous condition résolutoire.

2° Il ne serait pas équitable d'imposer au propriétaire, à qui fait retour le fonds, l'obligation de conserver malgré lui des constructions auxquelles il n'a eu la moindre part, qu'il n'a point commandées, et qui grèveraient considérablement son patrimoine; car, en définitive, il n'a rien à se reprocher.

Le constructeur, de son côté, a fait une imprudence en construisant sur un fonds qui pouvait très-bien lui échapper; il n'avait qu'une propriété incertaine et imparfaite, et il connaissait très-bien le peu de solidité de son droit sur le terrain. Pourquoi, dès lors, construisait-il? Il devait s'abstenir jusqu'à ce qu'il fût devenu propriétaire incommutable par la non-arrivée de la condition résolutoire. Sans doute, dans l'intervalle, il était propriétaire, mais il savait très-bien, ou du moins il devait savoir que, par l'arrivée de cette condition, il serait dépouillé du terrain et de la construction.

3° Si le législateur a cru qu'il était injuste d'accorder au propriétaire du sol, qui est en face d'un constructeur de bonne foi, le droit de contraindre ce possesseur à démolir, c'est en raison de la bonne foi de ce constructeur, qui n'a point commis de faute ni d'imprudence. Autre est la condition du propriétaire sous condition résolutoire, qui sait toute l'incertitude, la précarité et l'imperfection de son droit sur le terrain; s'il est tenu de démolir, il ne peut s'en prendre qu'à lui-même, comme le possesseur de mauvaise foi.

4° Le législateur, dans l'art. 1673, a donné implicitement au vendeur à réméré le droit de démolir ce que l'acheteur a construit. En effet il dispose que le vendeur ne pourra exercer la faculté de rachat qu'autant qu'il aura remboursé à l'acheteur: 1° le prix de la vente et les frais et loyaux coûts du contrat; 2° les réparations nécessaires et celles qui ont augmenté la valeur du fonds. Il ne s'agit pas, évidemment, dans cet article, de constructions nouvelles, mais de simples améliorations qui n'ont point changé la substance et la forme de la chose. Cet article exclut donc les constructions nouvelles; quant à ces constructions nouvelles, à la différence des simples améliorations, le vendeur à réméré n'est pas tenu de rembourser les dépenses qu'elles ont occasionnées. Le constructeur n'a pas d'action en indemnité contre le vendeur qui use du pacte de rachat. Il ne peut donc, en d'autres termes, le contraindre à les garder; c'est-à-dire que le vendeur peut le contraindre à enlever ses constructions.

Cette distinction admise entre les simples améliorations et les constructions nouvelles se justifie, au reste, bien facilement.

Les impenses faites à l'occasion de simples améliorations seront ordinairement de peu d'importance; d'autre part, il sera souvent difficile, impossible même, de faire disparaître ces améliorations. Il n'est pas trop dur d'imposer au vendeur à réméré l'obligation de les conserver, tandis qu'il serait injuste de grever le patrimoine de ce vendeur de dépenses considérables qu'il n'a pas entendu faire.

Il y aurait là, au surplus, un moyen bien simple pour l'acheteur de lui enlever sa faculté de rachat et de violer les conventions qu'il a conclues avec le vendeur. En faisant des constructions considérables sur le fonds, que le vendeur serait dans l'impossibilité de payer, l'acheteur enlèverait indirectement à son vendeur un droit qu'il s'est réservé dans le contrat de vente, et l'empêcherait ainsi de rentrer dans un fonds auquel il tient peut-être beaucoup, que sans doute il a été contraint de vendre par suite d'un grand besoin d'argent, et dans lequel il entend bien rentrer dès qu'il pourra rembourser à l'acheteur le prix que ce dernier lui a, en quelque sorte, avancé à titre de prêt, avec le terrain pour gage.

Cette solution donnée à propos de l'acheteur à réméré et cette distinction entre les constructions nouvelles et les simples améliorations, nous paraissent trop raisonnables pour que nous ne les étendions pas à tous les cas, en général, où un propriétaire sous condition résolutoire a établi des constructions sur un terrain dont il n'avait que la propriété révocable.

Pour tous ces motifs, il nous paraît donc logique de décider que le propriétaire sous condition résolutoire qui a élevé des constructions peut être contraint à démolir.

Ajoutons, d'ailleurs, l'expression « *en principe;* » car cette règle, si elle était poussée à l'extrême, pourrait amener des résultats iniques à son tour. Que s'il est juste d'accorder à celui qui profite de l'événement de la condition résolutoire le droit de forcer le constructeur à démolir, en thèse générale, il y aurait tels cas où ce droit barbare de destruction serait trop rigoureux et blesserait trop l'équité pour qu'il pût être admis.

Il peut y avoir, en effet, des hypothèses où le propriétaire sous condition résolutoire est bien excusable d'avoir élevé des constructions, quoiqu'en principe il commette une grave imprudence en construisant.

Il faut remarquer, au surplus, qu'il y a des conditions résolutoires de natures diverses. Telle condition résolutoire a tel caractère; telle autre condition a tel autre caractère; le droit du propriétaire sous condition résolutoire est plus ou moins imparfait selon les cas, plus ou moins incertain et précaire.

A la règle générale que nous avons formulée plus haut, nous ajouterons en conséquence la restriction suivante : par exception, le propriétaire sous condition résolutoire ne pourra être contraint à démolir, quand il est excusable d'avoir construit, qu'il n'a ni faute ni imprudence à se reprocher.

Cette règle étant ainsi limitée, il ne reste plus qu'à l'appliquer aux principaux propriétaires sous condition résolutoire qui ont construit sur le fonds dont ils n'avaient qu'une propriété révocable.

Nous n'hésitons pas à l'appliquer d'abord à l'époux donataire de son époux ;

A l'acheteur, lorsque le vendeur s'est réservé le droit de tenir le contrat pour nul et non avenu si, dans un certain délai, il se repentait d'avoir vendu son terrain (*pactum displicentiæ*).

Dans ces deux hypothèses, en effet, le titre de l'acquéreur est révocable à la volonté du concédant. La propriété de cet acquéreur n'est pas stable, elle peut s'évanouir d'un jour à l'autre par la volonté de l'époux donateur, par l'exercice de la faculté donnée par le *pactum displicentiæ*. La prudence conseille donc à ce propriétaire de s'abstenir d'impenses considérables; dans ces différents cas le droit de destruction accordé au donateur ou au vendeur n'a rien de trop rigoureux. Il est juste que le constructeur, qui pouvait être, d'un moment à l'autre, dépouillé de son fonds, subisse les suites de l'imprudence qu'il a commise en construisant ; et il y aurait injustice à contraindre le donateur ou le vendeur à prendre pour lui les constructions élevées par le donataire ou l'acheteur, constructions qu'il n'aurait souvent pas le moyen de payer. On anéantirait ainsi le droit de révocation des donations entre époux et la liberté des conventions. La loi n'a pu permettre de faire indirectement ce qu'on ne peut faire directement ; or, un époux ne peut jamais renoncer à la faculté de révoquer la donation qu'il a faite à son conjoint ; de même si l'on n'accordait pas le droit de démolition au vendeur, rien ne serait plus facile à l'acheteur que de violer le contrat et de paralyser le droit d'exercer le *pactum displicentiæ.*

Cette solution, nous la donnerons également au cas où le retour conventionnel a été stipulé dans une donation. Il serait injuste que le donateur ne pût, lorsque s'accomplira la condition résolutoire, rentrer dans sa chose, parce qu'il est dans l'impossibilité de payer le montant des déboursés faits par le donataire dans des constructions.

Il en sera de même du cas où un adjudicataire a été évincé par suite de folle enchère. (Bordeaux, 17 janvier 1843 ; Sirey, 1843, 2, 232.)

Nous donnerons aussi la même solution lorsque s'agissant d'une condition résolutoire expresse ou tacite dans un contrat parfaitement synallagmatique, l'acquéreur d'un fonds n'a point accompli l'obligation à laquelle il était tenu, par exemple quand, un acheteur n'ayant pas payé, le vendeur a fait résoudre la vente.

Dans ces différentes hypothèses, en effet, le propriétaire sous condition résolutoire est en faute de ne pas avoir rempli ses obligations envers celui de qui il tient la chose; il n'y a pas de raison pour qu'il puisse contraindre son auteur à garder les constructions qu'il a élevées.

Cette règle, nous devrons l'appliquer lorsque le donataire d'un fonds s'étant montré ingrat ou n'ayant pas accompli les conditions auxquelles il était tenu par l'acte de donation, le donateur a fait révoquer la dite donation ; ou lorsqu'un legs aura été révoqué pour les mêmes motifs. Le donataire ou le légataire n'avait qu'à exécuter ses obligations ou à ne pas se montrer ingrat, et il aurait pu conserver sa construction comme son fonds.

Le droit de destruction des constructions sera aussi appliqué en principe à l'encontre du grevé lorsqu'il s'agit d'une substitution permise ; de même des envoyés en possession provisoire. Dans tous les cas que nous venons de parcourir, on peut, sans blesser l'équité, obliger le constructeur à enlever des matériaux dont on ne veut pas profiter, car, dans aucun de ces cas, il n'est exempt de reproches.

Mais notre règle ne nous semblerait pas devoir être appliquée dans les cas suivants :

1° Lorsque l'envoyé en possession provisoire a

été mis en possession des biens de l'absent d'une manière définitive. Il y a peu d'espoir, en effet, que l'absent reparaisse, il est très-probable qu'il est mort. L'envoyé en possession définitive a donc des raisons très-légitimes de penser qu'il est devenu propriétaire d'une manière incommutable et définitive. S'il construit, il construit sur un fonds qu'il peut, en quelque sorte, considérer comme le sien; il est très-probable que ce bâtiment deviendra sa propriété définitive. Il serait assurément trop dur, si l'absent reparaissait, de le forcer à enlever ses matériaux. Nous n'hésitons pas à dire que, dans cette hypothèse, le droit de démolition ne compètera pas à l'absent de retour. L'envoyé n'a aucune imprudence à se reprocher. L'absent sera donc tenu de conserver les constructions qu'aura pu élever l'envoyé en possession définitive; et, à notre avis, il devra une indemnité au constructeur, conformément au principe de droit commun, que « personne ne peut s'enrichir aux dépens d'autrui. »

Ce serait en vain que l'on argumenterait de l'art. 590 pour lui refuser tout droit à une indemnité à raison des constructions qu'il a faites, en disant que, comme un usufruitier, il a perçu, sans être tenu d'en rendre aucun, tous les fruits du fonds, et qu'il les a employés à faire des constructions nouvelles.

La même solution nous semble devoir être donnée dans le cas où un donataire a construit sur le fonds à lui donné, et quand plus tard sa donation vient à être réduite comme excédant la quotité disponible, à la condition, du moins, qu'il soit de bonne foi. Quand il croit que sa donation sera irrévocable, et qu'il a de bonnes raisons de penser que l'action en réduction ne pourra pas l'atteindre, il n'est point en faute lorsqu'il élève une construction ; et dès lors, il n'est pas juste que l'héritier réservataire puisse le contraindre à supprimer les travaux qu'il a élevés.

Disons-en autant des constructions qui ont été créées par un donataire soumis au rapport. Ce donataire est en droit d'aliéner la chose, le fonds qui lui a été donné, sans que son aliénation puisse être attaquée. Il a évidemment le droit aussi de faire des constructions nouvelles sur le fonds qui lui a été donné, sans qu'on puisse l'attaquer et l'obliger à les enlever.

Faisons observer que la condition résolutoire qui affecte son droit de propriété est d'une nature toute particulière ; il n'est point un propriétaire sous condition résolutoire ordinaire. Sans doute, son droit de propriété sur le terrain qu'il a construit peut s'évanouir par la remise de ce fonds dans la masse commune ; sans doute ces constructions qu'il a édifiées, il les aura peut-être faites pour son cohéritier ; mais enfin il peut espérer qu'il y aura, dans la masse de la succession, des immeubles de même nature, de sorte qu'il ne sera point obligé de les rapporter. Il y a plus : cet héritier venant à la succession, quand bien même il est tenu de rapporter le fonds dont le défunt lui a fait donation, peut espérer avoir construit pour lui encore, et non pour son cohéritier, car finalement, par l'effet du partage, l'immeuble qu'il a rapporté peut tomber dans son lot. En d'autres termes, l'héritier tenu au rapport n'est point un donataire ordinaire soumis à une condition résolutoire, mais à la fois un donataire sous condition résolutoire et un cohéritier ou copropriétaire. Il est juste qu'il soit mieux traité qu'un propriétaire sous condition résolutoire ordinaire; car sa propriété est moins incertaine que celle de ce dernier, et il n'a pas commis d'imprudence en construisant. Pour cette raison, et par suite de sa qualité de copropriétaire, on ne saurait admettre que les cohéritiers aient le droit de le contraindre à démolir d'abord avant le partage, mais, même après le partage, lorsque le terrain sur lequel il a bâti tombe dans le lot d'un de ses cohéritiers.

L'art. 861 vient corroborer notre décision : aux termes de cet article, en effet, il doit être tenu compte au donataire des impenses qui ont amélioré la chose, eu égard à ce dont la chose se trouve augmentée au temps du partage. Cet article, parlant des améliorations en général, embrasse dans sa généralité les constructions nouvelles, aussi bien que les améliorations proprement dites.

La même solution devra être appliquée au donataire d'un terrain dont le droit a été résolu par la survenance d'un enfant au donateur.

Que dirons-nous du cas où un tiers détenteur d'un immeuble hypothéqué ou grevé d'un privilége a fait des constructions, et qu'ensuite il en a été évincé, soit parce qu'il s'est laissé exproprier, soit parce qu'il a délaissé l'immeuble et que le fonds a été adjugé et vendu sur un curateur *ad hoc;* soit parce que, ayant voulu purger, il y a eu surenchère et adjudication au profit d'un autre?

Il ne peut être question de suppression et d'enlèvement des matériaux. En effet, le débiteur qui a vendu sa chose au constructeur est sans qualité pour demander la suppression des travaux; il s'est dépouillé de tous les droits qu'il avait sur cette chose.

Les créanciers ne peuvent pas davantage contraindre le tiers détenteur à démolir ; ils ne le peuvent pas du chef de leur débiteur ; pas davantage en leur propre nom, car on n'a point élevé d'édifice sur leur terrain.

On ne concevrait pas, au surplus, que des créanciers anéantissent le gage qui sert de sûreté au remboursement de leur créance. D'ailleurs ils n'ont point d'intérêt à demander la suppression des constructions. Sans intérêt, pas d'action. Voilà pour le droit de démolition.

En résumé, le droit d'enlever les travaux appartient en principe à celui en faveur de qui s'accomplit la condition résolutoire; mais il peut aussi conserver les bâtiments, en vertu de son droit d'accession. Que s'il les prend pour lui, il est bien entendu qu'il sera tenu d'indemniser le constructeur; mais quelle somme devra-t-il à ce constructeur? Sera-t-il tenu de lui payer le montant de toutes ses impenses? Aura-t-il le choix entre la plus-value du terrain par suite des constructions, et la valeur des matériaux avec le prix de la main-d'œuvre ; ou sera-t-il tenu dans tous les cas à la plus-value?

Nous pensons qu'il sera tenu de payer au constructeur l'augmentation du fonds, quelles que soient les dépenses qu'ait faites le propriétaire sous condition résolutoire, et quand même ces dépenses seraient inférieures au montant de la mieux-value : cela résulte de la généralité des termes de l'art. 861.

On pourrait cependant soutenir avec quelque autorité qu'il faut distinguer ; que toutes les fois que le constructeur pourra être contraint à la suppression de ses bâtiments, sa créance s'élèvera aux impenses qu'il a faites, et que, dans le cas contraire, celui à qui fait retour la propriété a le choix entre l'augmentation de valeur par suite des travaux et le montant des impenses.

Les articles qui ont trait à la matière, dira-t-on, parlent de l'augmentation de la mieux-value par suite des constructions, mais ils ne parlent que de *eo quod plerumque fit ;* car, en principe, le montant de l'augmentation d'un fonds est inférieur à la somme qu'a coûté cette augmentation.

Faut-il admettre que celui à qui fait retour le fonds en vertu de la condition résolutoire n'est autorisé à rentrer dans son fonds qu'autant qu'il a désintéressé le constructeur ?

Nous donnerons à ce sujet la même solution qu'à l'égard du locataire ou de l'usufruitier, ou du possesseur de bonne foi.

En principe le constructeur aura le droit de retenir le fonds, sur lequel il a bâti, jusqu'à ce qu'il ait été payé de ses impenses par celui qui entend conserver les constructions. Ce droit est équitable : il n'est pas juste que le constructeur soit contraint d'exécuter l'obligation de restitution à laquelle il est tenu, alors que, de son côté, celui à qui profite la condition résolutoire ne veut point exécuter ses obligations vis-à-vis du constructeur.

Mais comme aucun texte de loi ne nous impose cette solution, et qu'elle pourrait aboutir à des résultats injustes dans certains cas, les tribunaux auront à apprécier s'il convient d'accorder le droit de rétention. Ainsi ils pourront très-bien ne pas l'admettre lorsque les sommes à payer par celui à qui fait retour la propriété sont considérables, et qu'il est hors d'état de les payer. Ils pourront parfaitement ordonner la restitution immédiate du fonds, lorsqu'il n'y aura pas de danger pour le paiement de l'indemnité. Que s'il y a quelque danger, ils prendront telles mesures de sûreté qu'ils jugeront à propos, pour garantir le paiement de cette somme; par exemple, ils décideront que la maison restera hypothéquée à la sûreté de la créance du constructeur.

2e section. — Des constructions édifiées par un propriétaire sous condition suspensive.

Si un propriétaire sous condition suspensive élève un édifice sur son fonds, il n'aura qu'une propriété bien imparfaite sur cet édifice, son droit sur l'édifice ne pouvant être d'une nature différente de celui qu'il a sur le sol. Ce droit de propriété sera peu sûr et dépendra d'un événement futur et incertain; peut-être il aura construit pour lui, peut-être il aura construit pour autrui. *Pendente conditionè*, toutes choses seront en suspens.

Nonobstant l'incertitude, qui plane sur son droit, quant au sol et quant à la construction, il pourra se dire néanmoins propriétaire du sol construit et dès lors faire sur ce sol et sur l'édifice qu'il aura édifié tous les actes de maître qui en général compètent au propriétaire; ainsi, aux termes de l'art. 2125, son droit, tout imparfait qu'il est, pourra être hypothéqué par lui et donné en antichrèse.

Il est bien entendu qu'il sera tenu de respecter le droit du propriétaire sous condition résolutoire.

Pendente conditione, le propriétaire sous condition suspensive pourra démolir l'édifice élevé par lui, avant toute prohibition émanée du propriétaire sous condition résolutoire. C'est en effet le droit de tout constructeur, en principe, à la charge de remettre les choses dans leur ancien état.

Que si la condition suspensive vient à défaillir, son espoir de devenir propriétaire définitif de la construction aussi bien que du sol sera déçu; le propriétaire sous condition résolutoire deviendra propriétaire incommutable du bâtiment incorporé au sol.

Il est bien entendu qu'il aura le droit d'inviter le constructeur à enlever ses travaux; si nous accordons cette faculté en principe à l'encontre du propriétaire sous condition résolutoire, nous devons l'accorder *a fortiori* à l'encontre du propriétaire sous condition suspensive, car le propriétaire sous condition résolutoire est lui au moins propriétaire intérimaire au moment où il construit; son droit est plus certain que celui du propriétaire sous condition suspensive.

Si les constructions élevées par le propriétaire sous condition suspensive conviennent au propriétaire sous condition résolutoire, il peut évidemment les retenir pour lui, mais, dans ce cas, il sera tenu de payer au constructeur le prix de la main-d'œuvre et la valeur des matériaux, comme le propriétaire du sol qui est en présence d'un locataire ou d'un possesseur de mauvaise foi.

CHAPITRE VI.

DES CONSTRUCTIONS ÉLEVÉES PAR LE CRÉANCIER ANTICHRÉSISTE PAR LE PRÉCARISTE ET L'EMPRUNTEUR A USAGE.

1° Quand le créancier antichrésiste aura élevé une construction sur un terrain qui lui a été remis en antichrèse, il ne pourra avoir plus de droit sur la construction qu'il aura créée que sur le terrain dont il perçoit les fruits; c'est-à-dire qu'il sera sans droit sur cette construction comme sur le sol.

Et il n'aura jamais l'espoir d'arriver à la propriété de la construction qu'il a édifiée à ses frais, car il détient cette construction au même titre que le sol, au nom et pour le compte du débiteur, qui en est le vrai possesseur.

En définitive il n'aura, comme le locataire, qu'un droit personnel et mobilier sur la construction qu'il a édifiée, car il ne portera, au moment où il sera tenu de restituer le fonds au débiteur, que sur une somme d'argent ou sur des matériaux, deux choses essentiellement mobilières.

Par quelles règles seront régies les constructions par lui élevées?

Nous pensons qu'il faut appliquer à ces constructions l'art. 555, comme nous l'avons appliqué soit au locataire, soit même à l'usufruitier, car dans sa première partie, il est aussi absolu que possible et il embrasse dans sa généralité tous les constructeurs en général qui ont élevé des bâtiments sur un terrain qui ne leur appartient pas.

Le propriétaire du sol débiteur aura donc le choix ou de demander la suppression des travaux ou de garder pour lui les constructions édifiées par le créancier antichrésiste, à la charge de rembourser au constructeur toutes les sommes qu'il a dépensées en matériaux et en main-d'œuvre.

En fait, au reste, le constructeur, étant, comme le locataire, le possesseur de mauvaise foi ou l'usufruitier à la discrétion du propriétaire du sol, qui peut le menacer de le contraindre à démolir, si mieux il n'aime lui laisser les constructions pour un prix bien inférieur à la somme qu'elles ont coûté, ce constructeur recevra bien rarement le montant de ses déboursés.

Le créancier antichrésiste a-t-il le droit de réclamer les intérêts de ses déboursés ?

Nous pensons qu'il faut répondre affirmativement. En effet, en construisant il a fait l'affaire du débiteur ; or, comme nous l'établirons plus loin, le gérant d'affaires a droit aux intérêts de ses avances.

Si l'on n'accordait point au surplus au constructeur le droit de demander les intérêts de ses impenses, le débiteur s'enrichirait à ses dépens. Par l'établissement de la construction, il y a eu une augmentation de produits qui a tourné à son avantage, en servant à le libérer vis-à-vis le créancier antichrésiste. C'est le cas d'appliquer la maxime : « *Fructus non sunt nisi deductis impensis.* »

Ce serait en vain que l'on objecterait que les intérêts ne sont dus que quand la loi les fait courir ou que le créancier les stipule.

Nous répondrions comme nous avons répondu à la même objection à propos du possesseur de mauvaise foi : « Il ne s'agit point ici de véritables intérêts, mais d'une question de perception de fruits. » Quant à la question de savoir si le créancier antichrésiste a un droit de rétention, elle doit être résolue conformément aux principes généraux en cette matière.

2° *Des constructions élevées par le précariste et l'emprunteur à usage.*

Lorsqu'un précariste et un emprunteur à usage auront bâti sur un fonds qui leur a été prêté, l'art. 555 nous semble devoir aussi être appliqué à ces constructions.

Ainsi le propriétaire du terrain aura le droit de demander la démolition des bâtiments. Ce droit résulte pour lui, non-seulement de l'art. 555, mais encore de l'art. 1890. D'après cet article en effet, le prêteur à usage n'est tenu de rembourser à l'emprunteur que les impenses faites pour la conservation de la chose, les impenses extraordinaires nécessaires et urgentes ; il n'est donc point obligé de lui rembourser les sommes que l'emprunteur a dépensées en constructions nouvelles ; il n'est point tenu, en d'autres termes, de conserver pour lui les bâtiments que ce dernier a élevés, et il est en droit de réclamer son fonds tel qu'il se trouverait si aucun édifice n'y avait été élevé ; il peut inviter le constructeur à enlever ce qu'il a édifié.

Si le prêteur veut conserver les bâtiments élevés par l'emprunteur, il devra lui rembourser le paiement de toutes les dépenses qu'ont coûté les travaux.

CHAPITRE VII.

DES CONSTRUCTIONS ÉLEVÉES PAR UN GÉRANT D'AFFAIRES.

Primus est parti à l'étranger ; pendant son absence, un ouragan enlève la toiture de sa maison. Secundus, son voisin, va trouver des ouvriers, fait marché avec eux, pour faire cette réparation. Primus, à son retour, sera-t-il tenu de payer ces ouvriers ou de rembourser à son voisin les sommes qu'il a avancées dans son intérêt ?

Oui évidemment, car il y a eu là bonne et utile gestion de la part de Secundus. Un père de famille soigneux n'aurait pas manqué d'exécuter ces travaux. C'est tout à fait le cas d'appliquer l'art. 1375, qui est conçu en ces termes : « Le maître dont l'affaire a été bien administrée, doit remplir les engagements que le gérant a contractés en son nom, l'indemniser de tous les engagements personnels qu'il a pris, et lui rembourser toutes les dépenses utiles ou nécessaires qu'il a faites. »

Quelle solution faudra-t-il donner si Secundus a élevé des constructions nouvelles sur le terrain de Primus ?

Cela dépend. Toute la question se réduit à savoir si Secundus, en construisant, a fait acte de bonne et utile gestion.

Si le terrain était très-bien placé pour être surbâti, et que probablement le propriétaire du sol eût lui-même élevé cette construction, ce dernier sera tenu de la conserver, et d'indemniser le gérant d'affaires conformément à l'art. 1375, car l'affaire a été bien administrée.

Si, au contraire, le terrain, par sa situation, n'était point destiné à recevoir une construction, et qu'il soit à présumer que le maître du sol n'eût point établi cet édifice, il n'y a pas eu utile gestion, et, dès lors, le propriétaire ne sera point contraint de retenir l'édifice et, par conséquent, il pourra inviter le gérant d'affaires à enlever ses travaux.

Mais quelle règle faut-il donner en principe?

Il nous paraît incontestable que le maître aura, en thèse générale, le droit d'inviter le gérant à enlever l'édifice qu'il a établi. Ce droit nous semble d'abord très-équitable. En effet, si le maître est tenu de rembourser au gérant les impenses nécessaires à la conservation de la chose, c'est qu'en réalité elles étaient utiles à ses intérêts, qu'il les aurait probablement faites lui-même, et, qu'au surplus, elles sont d'ordinaire peu importantes.

Rien de pareil, en principe du moins, dans notre hypothèse. Le propriétaire du sol n'aurait peut-être pas élevé cette construction; d'autre part, s'il la conservait, la somme qu'il serait contraint de rembourser au constructeur pourrait entamer fortement ses capitaux; il serait souvent même dans l'impossibilité de la payer.

Il serait certainement injuste, dans beaucoup de cas, de le contraindre à garder, malgré lui, un bâtiment qu'il n'a pas commandé, qui ne lui convient pas, et dont il n'entend point profiter.

Le constructeur ne pourra pas objecter qu'il subira une perte considérable, par suite de la démolition.

Sans doute, il pourra éprouver une perte très-grave, mais pourquoi construisait-il ? Qui le forçait d'élever cette construction ? S'il est dans une position fâcheuse, il ne peut s'en prendre qu'à lui-même. C'est le cas d'appliquer l'adage romain : « *Nemo damnum sentire videtur qui culpa sua damnum sentit.* »

Cette faculté résulte de l'art. 1375 lui-même. Aux termes de cet article, le gérant d'affaires n'a d'action en indemnité qu'autant qu'il a bien administré l'affaire du maître; or, il n'a pas bien géré en principe en faisant une chose qui n'était pas nécessaire, et qui était de nature à grever considérablement le patrimoine du maître.

C'est là une vérité qu'exprimaient parfaitement les jurisconsultes romains en ces termes : « *Is autem negotiorum gestorum habet actionem qui utiliter negotia gessit : non autem utiliter negotia gerit, qui rem non necessariam vel quæ oneratura est patremfamilias adgreditur.* » (Loi 10, § 1, *De neg. g.*)

Le propriétaire du terrain a donc, en thèse générale, le droit de réclamer son fonds tel qu'il se trouverait si aucune construction n'avait été édifiée.

Faisons observer que les tribunaux, dans la pratique, ne manqueront pas d'apporter quelque tempérament au principe du droit de destruction.

Ces tempéraments seront tirés des diverses circonstances de la cause, de la position de fortune du maître, par exemple, de la bonne foi du constructeur, et de l'étendue plus ou moins considérable des constructions; ainsi ils pourront ne voir dans telle construction qu'une simple amélioration, que le maître n'aura pas le droit d'enlever, car il est de règle, dans notre droit, que celui qui n'a fait qu'une simple amélioration sur le terrain d'autrui, ne peut-être contraint, fût-il de très-mauvaise foi, d'enlever les travaux qu'il a exécutés.

Ils admettront facilement qu'il y a eu bonne et utile gestion de la part du constructeur.

Si le propriétaire peut réclamer la suppression des travaux, il peut aussi conserver la construction, puisqu'il en est propriétaire (546, 551, 552, 555).

S'il garde la construction pour lui, il ratifie les actes faits par le gérant d'affaires; il trouve que sa gestion a été bonne et utile. Il sera donc tenu de rendre le gérant complétement indemne, conformément à l'art. 1375.

Le gérant qui, d'après cet article, est en droit de réclamer le remboursement de ses avances, a-t-il la faculté de répéter les intérêts de ces avances, à partir du jour où il les a faites?

Il y a sur ce point deux systèmes.

D'après un premier système, il n'a droit aux intérêts de ses avances qu'à partir de la demande en justice, conformément à l'art. 1153. Les partisans de cette opinion invoquent deux arguments :

1° Il est de principe, disent-ils, aux termes de l'art. 1153, que des intérêts ne peuvent être réclamés que quand la loi les fait courir de plein droit, ou quand le créancier les a stipulés.

Or, il n'y a aucun texte qui accorde au gérant d'affaires le droit de réclamer les intérêts de ses avances. D'autre part, aucune stipulation d'intérêts n'est intervenue; donc il faut refuser au gérant d'affaires les intérêts de ses avances du jour où il les a faites, et ne les lui accorder qu'à partir de sa demande en justice.

2° Ils tirent argument de la comparaison de l'art. 2001 avec l'art. 1375.

L'art. 2001 accordant au mandataire les intérêts de ses déboursés du jour où il les a faits, et l'art. 1375 n'en parlant point, à propos du gérant d'affaires, le législateur a évidemment entendu soumettre le gérant d'affaires au droit commun, à la différence du mandataire.

Malgré la gravité de ces motifs, nous ne pensons pas que cette opinion doive être suivie.

Nous estimons au contraire, avec les partisans du deuxième système, que le constructeur aura droit aux intérêts de ses avances du moment où il les aura faites.

En effet, toute la théorie du quasi-contrat de gestion d'affaires repose sur des raisons d'équité et d'utilité publique. Or, ces raisons veulent que, lorsque l'affaire a été bien gérée, le gérant sorte complétement indemne de la gestion.

Il est bien évident qu'il ne serait pas indemne, si les intérêts des sommes qu'il a avancées, et dont il aurait pu tirer profit, ne lui étaient pas remboursés à partir du jour de ses avances.

L'assimilation que l'art. 1372, al. 2, et l'art. 1375 établissent entre le mandat et la gestion d'affaires, au point de vue des obligations réciproques que l'un et l'autre engendrent, fournit un puissant argument en faveur de notre système, et l'opinion contrairé introduit une véritable inconséquence dans les dispositions de la loi.

En effet, si le maître, dont l'affaire a été bien gérée, est tenu de remplir, comme le mandant, les engagements contractés en son nom, et d'indemniser le gérant en raison des engagements personnels auxquels il est tenu, sans qu'il y ait à distinguer, sous ces deux rapports, entre le principal et les intérêts, il n'existe aucun motif pour établir une pareille distinction quant au remboursement des sommes avancées par le gérant.

Il est donc conforme à la loi, comme à son esprit, de décider que le gérant d'affaires qui a établi une construction aura droit à la bonification des intérêts de ses déboursés, à partir du moment où il les aura faits.

A l'appui de cette opinion, on peut citer un certain nombre d'arrêts, notamment un arrêt de la Cour de cassation du 22 janvier 1833.

Devons-nous accorder au gérant d'affaires le droit de rétention?

Il n'y a aucun texte de loi qui lui concède ce droit; en conséquence, les partisans du système qui n'admet ce droit que quand il est consacré par un texte positif, le refusent au gérant d'affaires.

Quant aux partisans de l'opinion opposée, ils n'hésitent pas à le concéder au gérant d'affaires, car il y a bien, dans notre espèce, un *debitum cum re junctum*.

Même les partisans de l'opinion intermédiaire, qui n'admettent le droit de rétention que quand les parties se trouvent tout à fait dans la même situation de ceux qui bénéficient du droit de rétention, d'après les articles du Code qui confèrent ce droit, ces partisans accordent au gérant d'affaires le droit de retenir la chose du maître jusqu'à ce qu'il ait été indemnisé. En effet, disent-ils, c'est à l'occasion d'un quasi-contrat que le maître est obligé. Or, la loi a entendu donner au détenteur le droit de rétention, quand il est devenu créancier à l'occasion d'un contrat ou d'un quasi-contrat.

C'est notamment l'opinion de MM. Aubry et Rau.

La jurisprudence accorde aussi le droit de rétention.

Nous adoptons la doctrine qu'elle applique.

CHAPITRE VIII.

DES CONSTRUCTIONS ÉLEVÉES PAR DES COPROPRIÉTAIRES.

1° *Des constructions élevées par des copropriétaires* sine affectu societatis.

Supposons que deux personnes sont copropriétaires d'un terrain parce qu'elles ont reçu conjointement ce terrain de la même personne, par succession, donation ou legs.

L'un des communistes fait, sans le consentement de l'autre, sans l'avoir consulté, des réparations nécessaires à l'immeuble qui leur appartient en commun. C'est là, assurément, un acte de bonne et utile gestion. Nul doute qu'en conséquence il ne puisse se faire indemniser de ces impenses par son communiste. Il y a plus; il peut contraindre son copropriétaire à faire avec lui ces impenses nécessaires. (Arg., art. 1859-3°.)

Le copropriétaire pourra de même se faire indemniser en raison des petites dépenses qu'il aura faites sur la chose commune, telles que celles faites en petites améliorations.

Quelle solution devrons-nous donner lorsqu'il s'agira de constructions nouvelles?

Aucune difficulté si le constructeur a reçu mandat de son copropriétaire; les principes du mandat s'appliqueront.

Pas davantage de difficulté lorsque les constructions ont été établies au vu et su du communiste, car, dans ce cas, il a, en réalité, donné mandat.

Dans ces deux hypothèses, le constructeur pourra réclamer à son communiste, avant tout partage, la moitié des sommes qu'il aura dépensées.

Mais la difficulté naît, lorsque le communiste non constructeur s'est opposé à la construction de l'édifice, et qu'il n'a pas été tenu compte de sa prohibition; de même, lorsque les travaux de construction ont eu lieu à son insu.

Le constructeur est tout à fait sans mandat relativement aux constructions qu'il vient d'élever. D'autre part, il n'avait pas le droit de faire aucun acte matériel, sur la moindre partie physiquement déterminée du fonds commun, car, il n'a sur la chose indivise qu'une quote-part idéale, et non une part physique, déterminée dans son individualité. Il doit être considéré, dès lors, vis-à-vis de son communiste comme un gérant d'affaires.

Nous appliquerons donc les règles de la gestion d'affaires aux constructions qu'il aura établies, en les combinant avec les règles de la communauté ordinaire.

Si le communiste non constructeur, ratifie, soit expressément, soit tacitement les marchés et actes faits par le constructeur, ce dernier pourra se faire indemniser, comme s'il avait reçu mandat de bâtir.

Dans le cas, au contraire, où les parties ne s'entendraient pas à l'occasion de la construction, il devra être procédé au partage du fonds commun, tel qu'il se trouve; sans que d'une part, les tribunaux aient le droit de mettre dans le lot du constructeur la partie du terrain, sur laquelle la construction est assise, et sans que, d'autre part, le copropriétaire non constructeur ait le droit d'inviter le constructeur à enlever ses travaux. Ce droit ne lui est accordé en effet par aucun texte, et il serait souverainement injuste, car le constructeur peut espérer avoir dans son lot l'édifice qu'il a créé.

Cela étant donné, trois hypothèses principales peuvent se présenter.

Première hypothèse. — La construction tombe dans le lot du constructeur.

Aucune difficulté. Comme il est réputé avoir toujours été propriétaire du terrain, sur lequel il a bâti, en vertu de l'effet déclaratif du partage, il aura, aux yeux de la loi, construit sur un fonds qui était à lui; il ne pourra être question d'indemnité à réclamer à son copropriétaire, ni de droit pour ce propriétaire d'inviter le constructeur à démolir.

Deuxième hypothèse. — Le terrain sur lequel la construction a été bâtie tombe dans le lot du communiste non constructeur.

En vertu du même effet déclaratif du partage, il est réputé avoir toujours été propriétaire du terrain, sur lequel a été faite la construction; par conséquent, le communiste, qui a élevé l'édifice aura construit sur le fonds d'autrui. En construisant sans consulter son communiste, il a certainement commis une grande imprudence. Il savait très-bien que ce fonds n'était pas à lui en toute propriété, qu'il n'en avait qu'une portion idéale, et que, par conséquent, il ne pouvait faire aucune innovation sur une partie matériellement déterminée du terrain sans demander et obtenir l'autorisation de son communiste. Il n'ignorait pas que ce terrain pouvait très-bien tomber dans le lot de son copartageant, ce dernier ayant parfaitement le droit de ne pas ratifier les actes faits par lui, qui n'étaient pas indispensables, et celui de demander que le terrain construit figurât dans les lots, comme tout terrain non construit. Cette grave imprudence qu'il a commise en construisant, cette témérité, il doit en subir les conséquences.

Nous estimons, dès lors, que le copropriétaire, non constructeur, n'est pas tenu de conserver en principe la construction. Il ne serait contraint de garder l'édifice que si, en construisant, le copropriétaire avait fait acte de bonne et utile gestion.

Dans la pratique, cette suppression de travaux sera souvent évitée.

On écartera l'éventualité de cette deuxième hypothèse en mettant dans le lot du constructeur le terrain sur lequel il a bâti.

Il a été décidé en effet, dans certains arrêts, que la règle d'après laquelle la répartition des lots doit se faire par la voie du sort n'est pas absolue, qu'il peut y être dérogé, et que le partage peut se faire par voie d'attribution personnelle des lots, dans le cas où les droits des copartageants sont inégaux. C'est ce qu'a décidé la Cour de Metz dans une hypothèse qui est tout à fait la nôtre. (10 juin 1852. Sirey. 54. 2. 276.)

Nous repoussons cette jurisprudence, parce que le texte de l'art. 831 est formel, et qu'il n'est pas permis aux juges de s'écarter des formes prescrites par la loi pour les partages. Sans doute, les conséquences auxquelles nous aboutissons seront rigoureuses dans certains cas, mais elles nous semblent découler des principes de la communauté et de la gestion d'affaires.

Nous accorderons surtout au communiste non propriétaire le droit de ne point vouloir conserver les constructions et d'inviter le constructeur à démolir, lorsqu'il s'est opposé à leur exécution, et qu'il n'a point été tenu compte de sa prohibition.

Troisième hypothèse. — La construction ne tombe ni dans le lot de l'un, ni dans le lot de l'autre. C'est un tiers, à qui elle est vendue, qui en devient propriétaire, soit à l'amiable, soit par voie d'adjudication.

Il faut décider que le constructeur, ayant procuré une mieux-value à l'immeuble, sera admis à prélever sur le prix de vente la somme représentant cette plus-value.

Il sera constitué en perte, si la construction a coûté plus que l'augmentation de valeur du fonds ; il gagnera, au contraire, si l'augmentation de valeur, apportée au fonds, est supérieure aux impenses qu'il a faites à l'occasion de ce bâtiment en main-d'œuvre et en matériaux.

2° *Constructions élevées sur un terrain commun,* cum affectu societatis, *par l'un des coassociés.*

Il faut supposer, pour qu'il y ait communauté entre les divers coassociés, que la société, qu'ils ont formée entre eux, ne constitue point une personne morale, car lorsqu'une société constitue une personne morale, il n'y a point indivision entre les coassociés. Les divers coassociés n'ont, dans cette société, que des droits purement personnels et mobiliers; ils ne sont nullement copropriétaires entre eux; les immeubles, dépendant de la société, appartenant à l'être moral appelé *société*. Ecartons donc cette hypothèse des constructions élevées sur un terrain social par l'un des associés ; elle doit être régie par les principes du mandat ou de la gestion d'affaires, lorsque le constructeur a dépassé les limites de ses pouvoirs.

Supposons donc que des terrains appartiennent à deux personnes, par exemple, parce qu'elles les ont achetés ensemble. Ces deux personnes conviennent de s'associer, pour les exploiter, à part toute idée de spéculation commerciale.

Que faut-il décider si l'une d'elles crée un bâtiment sur le terrain commun ?

Nous pensons qu'il faut donner, en principe, les mêmes solutions que celles que nous avons données à l'occasion du communiste ordinaire, qui a construit sur le fonds indivis : en effet, quant aux innovations à créer sur le terrain commun, le communiste coassocié n'a pas, en thèse générale, plus de pouvoir que le copropriétaire ordinaire *sine societate*. (Art. 1859 4°.)

Que faut-il dire des constructions élevées par le mari sur les biens communs?

Les solutions, que nous venons de donner dans les deux hypothèses précédentes, nous ne les donnerons pas, quand le mari aura élevé des constructions sur les biens communs, en principe du moins, car la communauté constitue une indivision *sui generis*, gouvernée par des règles qui lui sont particulières, notamment au point de vue des pouvoirs du mari, qui est en quelque sorte seigneur et maître des biens communs, à la différence du communiste ordinaire ou du coassocié.

Les différentes questions, auxquelles pourra donner lieu la création de constructions sur le terrain de la communauté, seront examinées plus loin (Chapitre IX, sect. VII).

CHAPITRE IX.

CONSTRUCTIONS ÉLEVÉES PAR DIFFÉRENTS MANDATAIRES.

SECTION I.

Des constructions élevées par un mandataire spécial muni du pouvoir de bâtir.

Primus donne à son frère Secundus le pouvoir d'élever une construction, pour lui et dans son intérêt personnel, sur un terrain qui lui appartient. Secundus accepte ce pouvoir; il va trouver, en conséquence, des ouvriers, fait marché avec eux; bref le bâtiment est élevé. Quels rapports de droit sont produits?

Deux hypothèses doivent être distinguées.

1re *hypothèse.* Le mandataire s'est renfermé dans la limite des pouvoirs qui lui ont été conférés.

Il n'a été en quelque sorte que l'instrument du mandant, qui est réputé avoir conclu lui-même tous les actes et marchés qu'il a faits. Ce sera donc le mandant et non le mandataire qui devra payer les dettes que ce dernier a contractées au nom du mandant (1998 1°).

Quant aux sommes que le mandataire aura avancées au nom du mandant, ce dernier devra les lui rembourser, avec les intérêts, du jour où il les aura déboursées (2001); il sera tenu également de le décharger des obligations qu'il aura contractées lui-même et en son nom personnel (1999).

Les fournisseurs et ouvriers pourront donc s'adresser au mandant lui-même pour lui réclamer le paiement de leurs créances.

Pourront-ils également s'adresser au mandataire, qui a traité avec eux ?

Il faut répondre négativement, en principe. Il est de règle, en effet, en matière de mandat, que le mandataire ne s'oblige pas ; mais, à ce principe, il y aura deux exceptions :

1° Quand le mandataire se sera engagé lui-même ;

2° Lorsqu'il n'aura pas donné une connaissance suffisante de ses pouvoirs.

2e *hypothèse*. Le mandataire ne s'est pas renfermé dans les limites de ses pouvoirs.

Il a, par exemple, fait une construction plus considérable que celle indiquée d'après les plans.

Même solution que dans la première hypothèse, si le mandant ratifie les actes faits par le mandataire. En effet, lorsque le mandant ratifie les actes faits par le mandataire en dehors de ses pouvoirs, il est réputé avoir donné mandat, et la ratification produit, en général, des effets rétroactifs (1998 2°).

Quid juris, s'il ne ratifie pas?

Aux termes de l'art. 1998, le mandant ne sera pas lié en qualité de mandant par les actes que le mandataire aura accomplis au delà de son mandat. Pour ce qui est de ces actes, ce dernier devra être traité comme un gérant d'affaires. Les tribunaux auront donc à apprécier si, en fait, il y a eu bonne et utile gestion.

Il est évident qu'ils n'accorderont au mandant le droit de demander la suppression des travaux que s'il y a eu mauvaise foi insigne de la part du mandataire.

En fait, l'hypothèse d'une procuration, donnée à quelqu'un pour construire, peut très-bien se présenter; mais, ordinairement, lorsqu'il s'agira de constructions importantes, le propriétaire du terrain s'adressera à un mandataire *sui generis*, à un architecte ou à un entrepreneur.

C'est de cette hypothèse que nous allons nous occuper dans la section II.

Section II.

Des constructions élevées par un entrepreneur.

Lorsque le propriétaire d'un terrain fait marché avec un architecte ou un entrepreneur, pour la construction d'un édifice que ce dernier s'engage à bâtir, des conventions diverses peuvent intervenir entre eux.

Quels sont les différents droits qui naissent de ces marchés?

Il faut signaler d'abord un droit de propriété sur la construction au profit du propriétaire du terrain.

En général, le propriétaire aura une action en garantie contre le constructeur. En effet, « si l'édifice, dit l'art. 1792, construit à prix fait, périt, en tout ou en partie, par le vice de la construction, même par le vice du sol, les architectes et les entrepreneurs en sont responsables pendant 10 ans. »

Quant à l'architecte, il a une créance privilégiée contre le propriétaire du sol, avec lequel il a fait marché, mais à une double condition.

Il faut pour l'acquisition de ce privilége :

1° Que, par un expert, nommé d'office par le tribunal de première instance dans le ressort duquel les bâtiments sont situés, il ait été dressé préalablement un procès-verbal à l'effet de constater l'état des lieux, relativement aux ouvrages que le propriétaire aura eu dessein de faire ;

2° Que les travaux aient été reçus dans les six mois de leur perfection par un expert également nommé d'office.

Cette double condition est indispensable. Ainsi, point de privilége au profit de l'architecte, s'il n'a point été fait avant les travaux de procès-verbal constatant l'état des lieux.

Point de privilége, si un procès-verbal de réception des travaux n'a point été dressé dans le délai et de la manière indiqués par la loi.

Sur quels objets frappe le privilége ?

En réalité, le constructeur n'a mis dans le patrimoine du propriétaire du sol que la plus-value qu'a créée la construction ; il est juste que le privilége ne porte que sur cette plus-value.

C'est ce que décide l'art. 2103, en ces termes :

« Le montant du privilége ne peut excéder les valeurs constatées par le second procès-verbal, et il se réduit à la plus-value existante au moment de l'aliénation de l'immeuble, et résultant des travaux qui y ont été faits. »

Ainsi, l'entrepreneur n'aurait pas pour gage exclusif la plus-value qui proviendrait d'une autre cause que la construction de l'édifice, par exemple, de l'établissement d'une place ou le percement d'une rue.

Les formalités requises par la loi, pour l'acquisition et la conservation de ce privilége, sont nombreuses et difficiles à remplir. Elles sont en outre fort coûteuses; de plus la garantie que présente la plus-value sera souvent bien insuffisante.

Ajoutons que le privilége de l'entrepreneur donne naissance, dans la pratique, à une foule de procès; les articles qui y ont trait, et notamment l'art. 2106 et 2110, étant obscurs et ambigus, et donnant lieu à des interprétations diverses.

En fait, ces formalités seront rarement remplies, et, par cela même, le privilége a rarement l'occasion de se produire.

Il n'y a guère qu'à Paris, et lorsqu'il s'agit de constructions considérables qu'on les remplit. Aussi a-t-on réclamé énergiquement contre l'art 2103 dans les divers projets de réforme, dont le régime hypothécaire à été l'objet en France, et a-t-on demandé la suppression, soit des formes établies pour l'acquisition et la conservation de ce privilége, soit du privilége lui-même.

Est-ce à dire que les droits des entrepreneurs, bien légitimes, à coup sûr, soient abandonnés et ne soient point garantis dans la pratique?

Nullement : on remplace dans l'usage le privilége par d'autres sûretés.

Voici les divers moyens que l'on emploie ordinairement :

Si le propriétaire du terrain a de l'argent, il le dépose à titre de gage entre les mains d'un tiers chargé de verser les fonds à l'entrepreneur au fur et à mesure que les travaux avancent.

Si le propriétaire du terrain n'a pas d'argent, plusieurs combinaisons se présentent :

Dans le cas où l'entrepreneur a des ressources, ou bien tout se passe entre l'entrepreneur et le propriétaire, et, alors, on convient d'un marché, constaté par un acte enregistré au droit de 2 p. 100, dont l'exécution est garantie par une hypothèque que le propriétaire confère.

Si, au contraire, l'entrepreneur n'a pas beaucoup d'argent d'avance, l'affaire se conclut avec l'aide d'un tiers, par voie d'ouverture de crédit, ou par voie d'emprunt.

Aussi, le propriétaire se fait ouvrir un crédit chez un banquier, jusqu'à concurrence de la valeur présumée des travaux, en consentant une hypothèque sur l'immeuble du jour de l'ouverture du crédit ; puis il délègue le montant du crédit à l'entrepreneur, à qui les fonds seront remis au fur et à mesure des travaux.

A défaut d'ouverture de crédit, le propriétaire pourra emprunter la somme dont il a besoin, en hypothéquant son immeuble, à la garantie du paiement de cette somme, puis il déposera les fonds empruntés entre les mains d'un tiers à titre de gage.

Ces divers expédients, fréquents dans la pratique,

montrent bien qu'une réforme législative est indispensable en cette matière.

SECTION III.

Des constructions élevées par des mandataires dont les pouvoirs sont limités aux actes d'administration.

Lorsqu'un mandataire, dont le mandat est restreint aux actes d'administration, fait des réparations d'entretien, par exemple des impenses d'améliorations ou des réparations nécessaires, ces différents actes obligent le mandant, aux termes de l'art. 1998, comme s'il les avait accomplis lui-même, car ils ont été faits dans la limite des pouvoirs du mandataire.

Quelle solution faudrait-il donner, si le mandataire élève une construction nouvelle ?

Il est évident que le mandataire a outrepassé les pouvoirs qui résultaient de son mandat. En effet, le fait d'élever une construction nouvelle ne rentre pas dans les actes de pure administration ; donc, aux termes de l'art. 1998 2°, le mandant ne sera pas lié par les marchés et actes que le mandataire aura pu faire ; en d'autres termes, il aura la faculté de demander la suppression des travaux s'il n'y a pas eu utile gestion. Le mandataire qui dépasse ses pouvoirs doit, en effet, être considéré comme un gérant d'affaires.

Mais si la construction convient au mandant, il lui est parfaitement loisible de la retenir pour lui.

S'il la conserve, il ratifie les marchés faits par son mandataire, plus généralement tous les actes que ce dernier a accomplis. La ratification produisant en principe un effet rétroactif, le mandataire sera réputé avoir eu dès l'origine des pouvoirs suffisants pour construire. Nous retombons ainsi dans l'hypothèse d'un mandat spécial donné à une personne pour construire, c'est-à-dire que le mandant sera lié comme s'il avait traité lui-même, et il devra rendre le mandataire complétement indemne.

Les tribunaux admettront, à coup sûr, bien facilement la ratification du mandant.

Ils pourront induire cette ratification des diverses circonstances de la cause.

Les solutions que nous avons données sont applicables en général, qu'il s'agisse d'un mandat conventionnel, légal ou judiciaire.

Nous les appliquerons notamment au séquestre; qu'il administre un bien en litige, ou qu'il soit chargé de la gestion des biens du contumax (art. 28), peu importe;

A l'adminstrateur judiciaire des biens d'un présumé absent (112), les tribunaux n'accordant d'ordinaire que des pouvoirs très-restreints à cet administrateur;

A l'envoyé en possession provisoire qui gère les biens de l'absent. La loi ne le qualifiant que de *dépositaire, administrateur comptable*, indique clairement par là qu'elle ne lui accorde, en général, que les pouvoirs d'un administrateur ordinaire;

A la femme, qui administre les biens de son mari absent;

A l'administrateur provisoire des biens du défendeur en interdiction ;

A l'administrateur provisoire chargé de la gestion des biens d'une personne placée dans une maison d'aliénés :

Au curateur à une succession vacante.

Section IV.

Des constructions élevées par un tuteur.

Les solutions que nous allons donner s'appliquent, qu'il s'agisse du tuteur d'un mineur, d'un interdit judiciairement, ou d'un interdit légalement, car les tuteurs de ces différentes personnes ont les mêmes attributions et la même étendue de pouvoirs. Pour faire comme le législateur, nous raisonnerons sur l'hypothèse du tuteur d'un mineur.

Le tuteur a-t-il le droit de faire des constructions nouvelles sur le terrain de son pupille? Incontestablement, à notre avis, il peut, sans aucune autorisation ni du conseil de famille ni du tribunal, s'il a entre les mains des deniers du pupille à employer, il peut les consacrer à établir des constructions nouvelles sur le fonds du mineur, comme il peut les consacrer à l'achat de tout autre immeuble.

En agissant ainsi, il entre tout à fait dans les vues du législateur, qui attache une importance considérable à la fortune immobilière, et qui la met bien audessus de la fortune mobilière.

Il y a plus ; ce droit d'employer les fonds du pupille à élever des bâtiments sur son terrain, lui est reconnu par la loi, car le tuteur a le pouvoir d'accomplir seul, sans aucune formalité spéciale, tous les actes pour lesquels la loi n'en a point exigé.

Or, il n'y a dans le Code aucun texte qui prescrive un mode spécial et particulier d'emploi pour les deniers du mineur et qui exige pour cela l'autorisation soit du conseil de famille soit du tribunal.

Le tuteur peut donc en faire tel emploi que bon lui semblera.

Cette faculté pour le tuteur de faire emploi des deniers pupillaires en constructions nouvelles, résulte bien clairement, selon nous, de la comparaison des règles relatives à la tutelle avec les art. 1066 et 1067.

Ces deux articles exigent que le grevé de restitution fasse emploi des fonds qu'il a entre les mains, en acquisitions d'immeubles ou de priviléges sur des immeubles.

En n'exigeant pas que le tuteur fît tel ou tel emploi de l'argent du mineur, le législateur a évidemment voulu laisser au tuteur toute latitude pour employer les fonds du pupille, s'en remettant à sa prudence et à sa sagesse.

Ce silence de la loi est d'autant plus significatif que les art. 455 et 456 imposent au tuteur l'obligation de faire emploi de l'excédant des revenus du mineur.

Faisons observer, au surplus, que ce peut être là un excellent placement, que pourra très-bien faire une personne qui administre sagement ses biens.

C'est bien à tort que la solution que nous venons de donner a été critiquée par quelques auteurs.

Que dirons-nous, si, le tuteur, n'ayant pas actuellement assez de fonds disponibles, pour payer les architectes qui ont été chargés de l'exécution des travaux, a pris des termes pour les désintéresser?

Il n'y a pas de difficulté, si, à la fin de la tutelle, les entrepreneurs n'ont plus rien à réclamer; dans cette hypothèse, comme dans l'hypothèse précédente, l'emploi, fait par le tuteur, sera valable, et obligatoire pour le mineur; il peut y avoir là en effet un acte d'excellente administration.

Mais la difficulté naîtra, si, à la fin de la tutelle, il reste encore des sommes considérables à payer aux entrepreneurs qui ont exécuté les travaux de construction.

Le tuteur, peut-on dire, comme tout mandataire, doit se renfermer dans les limites de ses pouvoirs d'administrateur du patrimoine du mineur, sinon le mineur, arrivé à sa majorité, pourra critiquer les actes qu'il a accomplis;

Or, il ne s'est point renfermé dans ses attributions en faisant, sans demander aucune autorisation soit du conseil de famille, soit du tribunal, des impenses considérables sur les biens du mineur, alors qu'il n'avait pas les deniers suffisants pour payer les ouvriers chargés d'exécuter les travaux, et qu'il ne pouvait point raisonnablement espérer pouvoir les désintéresser, avant la fin de la tutelle, avec les revenus du mineur.

Il en résulte que le mineur n'est pas lié par les marchés que le tuteur a contractés, et les actes qu'il a passés.

Il n'est point tenu, dès lors, selon nous, en thèse générale du moins, de garder pour lui la maison qui a été élevée par le tuteur sur son fonds. Comme le maître sur le terrain de qui un tiers bâtit sans mandat, le mineur devenu majeur sera autorisé à demander la suppression des travaux, si, en réalité le tuteur n'a pas fait acte de bonne gestion en construisant.

Néanmoins, nous reconnaissons que les rapports existant entre le tuteur et le mineur, surtout cette circonstance que le tuteur est un mandataire forcé, et beaucoup d'autres circonstances de fait, pourront singulièrement modifier la solution générale que nous avons donnée. En fait, le droit de destruction sera rarement exercé.

Si le mineur tient à conserver les édifices qu'a élevés son tuteur sur son terrain, il le peut bien certainement; dans ce cas, il sera tenu, aux termes de l'art. 1999 2°, comme s'il avait donné mandat, de rendre le tuteur complétement indemne d'une part, et de payer aux entrepreneurs les sommes dues pour l'exécution des travaux.

Nous donnerons au tuteur qui a fait des avances le droit de réclamer les intérêts de ses déboursés, du jour où il les a faits; de même, le droit de rétention.

Section V.

Des constructions élevées par le père administrateur des biens de son enfant mineur.

Il est admis généralement que le père, administrateur des biens de son enfant mineur, est soumis aux mêmes obligations que le tuteur, et qu'il a la même étendue de pouvoirs; dès lors, il faudra donner, quand il aura élevé des constructions pour son enfant, les mêmes solutions, en principe, que celles que nous venons de donner à propos du tuteur.

Ainsi, il pourra employer les deniers de son enfant en constructions nouvelles.

Cet enfant sera également tenu d'accepter, en principe, l'emploi fait par son père, lorsqu'au moment où finit l'administration légale, ceux qui ont exécuté les travaux auront été désintéressés avec l'argent provenant de ses revenus.

Il ne sera point tenu de conserver les constructions nouvelles que son père aura édifiées sur son terrain, lorsqu'il y aura encore des sommes considérables à payer à la fin de l'administration légale, si la création de l'édifice n'est point un acte de bonne administration.

S'il retient ces bâtiments, il sera tenu également d'indemniser complétement son père.

Mais, dira-t-on, le père administrateur qui perçoit les revenus de son enfant mineur doit être assimilé, quant aux constructions nouvelles qu'il a élevées, à l'usufruitier;

Or, aux termes de l'art. 599, l'usufruitier n'a pas d'action en indemnité pour les améliorations, quelles qu'elles soient, qu'il a créées sur le fonds dont il a la jouissance, quand bien même ce seraient des constructions nouvelles.

Cette objection ne nous arrête pas, et cela pour un double motif.

D'abord, l'art. 599 n'est point applicable, comme nous l'avons prouvé, aux bâtiments élevés par l'usufruitier, mais l'art. 555, qui accorde une action en indemnité à tout constructeur;

En second lieu, quand même on appliquerait l'art. 599 aux constructions élevées par un usufruitier, il ne faudrait pas l'appliquer aux constructions établies par le père administrateur; en effet, il n'est point un usufruitier véritable; s'il perçoit les fruits des biens de son enfant, ce n'est point dans son intérêt, mais dans l'intérêt même de cet enfant et de la famille en général.

SECTION VI.

Constructions élevées par un mandataire général.

Voulant faire un voyage, Jacques constitue Pierre gérant de tous ses biens. Pierre peut, sans contredit, faire sur les biens de son mandant toutes les réparations d'entretien, et même les réparations nécessaires. Il a le droit de payer avec les revenus des biens de Jacques les ouvriers qui ont exécuté ces travaux, sans que le mandant soit autorisé à critiquer ces actes, car ils rentrent certainement dans les limites d'une procuration conçue en termes généraux.

Mais les pouvoirs du mandataire ne vont pas en général au delà des actes de cette nature.

Nous disons *en général*, car il peut se présenter telle hypothèse où on peut raisonnablement induire d'une procuration générale le droit pour le mandataire de faire des constructions nouvelles avec l'argent provenant des revenus des biens du mandant.

Si la procuration a, par exemple, été donnée par une personne qui partait pour un voyage de long cours, d'où elle ne devait revenir qu'après un long temps, on doit donner cette étendue à la procuration, car il y a présomption, dans ce cas, qu'elle a laissé à son *procureur* le choix de faire emploi de ses revenus comme bon lui semblait; en effet, ce mandataire n'est pas à portée de la consulter (Pothier).

Hors de cette hypothèse, et d'autres hypothèses analogues, le mandataire dépasse évidemment ses pouvoirs s'il fait des constructions nouvelles sur le terrain du mandants ans le consulter. En effet, les pouvoirs conçus en termes généraux n'embrassent en général que les actes d'administration, et le fait d'élever une construction n'est point un acte de pure administration. Il faut donc le traiter comme un gérant d'affaires quant à ces constructions, et donner, à son sujet, les mêmes solutions en principe que celles que nous avons données à l'occasion d'un gérant d'affaires, dépourvu de tout mandat.

Section VII.

Constructions élevées par le mari sous les divers régimes.

1° *Régime de la communauté légale.*

1re *hypothèse. — Il a construit sur le fonds de la communauté.* Quels droits vont prendre naissance ?

D'abord, les constructions nouvelles appartiendront à la communauté, parce qu'elles sont l'accessoire du sol, et que les acquisitions faites pendant le mariage appartiennent à la communauté.

Quel sera le gage des entrepreneurs ?

Ils auront d'abord pour gage le patrimoine du mari qui sera engagé directement.

2° Le patrimoine commun, car il est de règle que toutes les fois que le mari est obligé, sous ce régime, la communauté l'est aussi.

3° Quelquefois aussi le patrimoine de la femme qui s'engagera avec l'autorisation de son mari.

Ils seront en droit de poursuivre, pendant que la communauté dure, l'un ou l'autre de ces trois patrimoines.

A la dissolution de la communauté, de deux choses l'une ; ou la femme accepte, ou la femme renonce à la communauté.

1re *hypothèse.* — Elle renonce. Elle sera réputée n'avoir jamais été commune ; conséquemment, le mari n'aura pas construit sur un terrain commun, mais sur un terrain qui, aux yeux du législateur, a toujours été le sien ; dès lors nous ne serons plus dans l'hypothèse d'une construction sur le terrain d'autrui.

2e *hypothèse.* — La femme accepte la communauté. On procédera au partage des biens de la communauté. Les immeubles seront estimés d'après leur valeur au moment du partage, et tels qu'ils se trouvent, avec les bâtiments qui y ont été élevés, sans que la femme soit admise à critiquer les actes de son mari, car, en acceptant la communauté, elle ratifie tous les marchés que le mari a pu contracter pour l'établissement des constructions.

Au surplus, le mari a évidemment agi, en construisant, dans la limite de ses pouvoirs. Qu'importe qu'il ait dépensé des sommes considérables pour élever ces bâtiments, et qu'une plus-value très-minime ait été ajoutée au fonds commun, puisqu'il pouvait anéantir les biens communs.

Cette solution doit être donnée, que les entrepreneurs soient ou non désintéressés, et, s'ils sont désintéressés, il importe peu qu'ils l'aient été avec l'argent de la communauté ou celui de l'un ou de l'autre des époux.

Il n'est pas indifférent, toutefois, de savoir s'ils ont été ou non payés.

Dans la première hypothèse, s'ils ont été payés avec l'argent de la communauté, rien de plus simple ; point de question de récompense à vider.

Si c'est avec l'argent de l'un ou de l'autre des époux, le mari ou la femme qui a avancé l'argent aura droit à récompense, conformément à l'art. 1433, jusqu'à concurrence de toute la somme qu'il a déboursée, et non pas seulement jusqu'à concurrence de la mieux-value qui est résultée des constructions. Il exercera cette récompense soit par compensation, soit par voie de prélèvement.

Dans la deuxième hypothèse, s'ils ne sont point encore désintéressés, indépendamment du privilége qu'ils pourront avoir sur la maison qu'ils auront construite, privilége qui leur permettra de réclamer la totalité de leur créance à celui des époux dans le lot duquel elle sera tombée, ces créanciers pourront encore poursuivre le mari pour la totalité de ce qui leur est dû sur tous ses biens, et la femme, soit jusqu'à concurrence de la moitié de leurs créances, soit seulement jusqu'à concurrence de l'émolument qu'elle a retiré de la communauté, dans le cas où elle a eu soin de faire bon et fidèle inventaire.

2° *hypothèse. — Le mari a fait des constructions sur le terrain de sa femme.*

Le mari, qui a des pouvoirs de maître sur les biens communs, n'a en général que les pouvoirs d'un administrateur ordinaire sur les biens propres de sa femme ; il n'a donc pas le droit de bâtir sur son terrain. Que s'il bâtit néanmoins, il faudra, selon nous, distinguer deux cas.

1° Le mari a fait les constructions sur l'ordre de sa femme, de son consentement, ou à son vu et su.

Il y a mandat au moins tacite de la part de la femme. Elle ne sera donc point admise en principe à critiquer les constructions élevées par son mari.

Si les constructions ont été payées avec l'argent propre de la femme, pas de difficulté.

Si elles ont été payées avec l'argent du mari, le mari sera en droit de réclamer à sa femme la somme qu'il a dépensée pour ces constructions ; plus généralement, il devra être rendu indemne, quel que soit le parti que la femme prenne à la dissolution de la communauté, quand bien même elle y renoncerait.

Que si le mari a tiré les sommes dues aux entrepreneurs de la caisse de la communauté, la femme devra-t-elle récompense à la communauté jusqu'à concurrence des sommes qu'a coûté la construction, ou ne sera-t-elle tenue que de rembourser l'augmentation de valeur qui a été ajoutée à son terrain ?

Les auteurs sont divisés sur cette question.

Quelques-uns prétendent que la femme sera tenue

vis-à-vis la communauté de toutes les sommes qui ont été prises dans sa caisse, car elle doit être considérée comme ayant prêté les fonds à la femme. Il est juste que cette dernière soit tenue comme si elle avait emprunté les sommes qui ont été employées dans la construction d'une personne ordinaire.

Cette opinion est notamment celle que Bugnet enseigne dans ses annotations sur Pothier.

L'opinion contraire est plus répandue. On raisonne ainsi :

D'après Pothier, la femme était seulement tenue à payer à la communauté la mieux-value apportée à son fonds par la construction.

Les rédacteurs du Code, qui ont copié Pothier à peu près en tout, pour le régime de la communauté, ont probablement adopté son opinion.

Cette présomption, ajoute-t-on, est corroborée par le texte même de la loi.

En effet, aux termes de l'art 1437, toutes les fois qu'il a été pris dans la communauté une somme pour l'amélioration de l'immeuble de l'un ou l'autre des époux, cet époux ne doit récompense à la communauté que du *profit* qu'il a tiré de cette amélioration.

En présence d'un texte aussi formel, le second système nous semble préférable.

Contre qui auront action les entrepreneurs qui ont exécuté les travaux.

Ils auront action contre le mari, car il s'engagera presque toujours personnellement, par conséquent aussi contre la communauté.

De même, ils auront action contre la femme, puisqu'elle a donné mandat à son mari.

Ils auront donc pour gage trois patrimoines pendant que la communauté durera.

Après la dissolution de cette communauté, leur gage ne sera pas amoindri.

Ils pourront également poursuivre le mari, et la femme sur tous ses biens, quand même elle renoncerait à la communauté.

2e *hypothèse.* — Le mari a établi des constructions au vu et au su de sa femme, mais elle s'y est opposée ; elles ont eu lieu à son insu, ou elle connaissait l'existence des travaux, mais elle était dans l'impossibilité de s'y opposer.

Il est incontestable que le mari, en construisant, a dépassé ses pouvoirs d'administrateur ; en conséquence, aux termes de l'art. 1998, elle n'est pas obligée par les marchés qu'il a faits ; comme le propriétaire sur le terrain de qui un tiers a construit sans mandat, la femme est libre de ratifier les actes faits par le mari ou de les considérer comme nuls et non avenus.

Si la femme ratifie, elle est réputée avoir donné mandat ; dès lors nous retombons dans la première hypothèse.

Si elle ne ratifie pas expressément, une sous-distinction devient nécessaire.

Dans le cas où elle renonce à la communauté, elle n'est pas obligée en vertu des actes et marchés faits par le mari ; elle a le droit de réclamer la suppression des travaux s'il n'y a pas eu bonne gestion.

Dans le cas, au contraire, où elle accepte la communauté, elle ratifie, en quelque sorte, tacitement les actes du mari ; et, de plus, elle est tenue, par le fait même de son acceptation, de la moitié des dettes que le mari a contractées vis-à-vis les entrepreneurs.

Quant aux créanciers, à la dissolution de la communauté, ils auront action pour le tout contre le mari pour l'intégralité de leur créance et contre la femme jusqu'à concurrence de la moitié de leur créance, ou seulement de l'émolument qu'elle a tiré de la communauté si elle a fait procéder à un inventaire fidèle et exact.

2° *Régime de communauté conventionnelle.* — Sous ce régime, le mari a les mêmes pouvoirs sur les biens communs que sous le régime de la communauté légale, car ces pouvoirs, lui appartenant comme chef de l'association conjugale, ne peuvent être restreints par la convention des parties.

Quant aux constructions que le mari élèverait sur le fonds de sa femme, abstraction faite des conventions diverses qu'il a pu faire avec elle, nous donnerons les mêmes solutions que celles que nous venons de donner sous le régime de la communauté légale, car les pouvoirs du mari sur les biens personnels de sa femme, s'ils n'ont pas été modifiés par des stipulations particulières, sont les mêmes sous le régime de la communauté conventionnelle que sous celui de la communauté légale.

3° *Régime sans communauté.* — Sous ce régime comme sous les deux précédents, les pouvoirs du mari sur les biens propres de sa femme ne dépassent pas en général ceux d'un administrateur ordinaire; il faudra donc appliquer aux constructions qu'il élèvera sur le terrain de sa femme les principes du mandat ou ceux de la gestion d'affaires.

La femme ne serait pas recevable à argumenter de l'art. 599 pour prétendre que son mari, percevant les fruits de tous ses biens, et étant, par conséquent, un usufruitier, ne peut réclamer aucune indemnité pour les améliorations qu'il a faites sur son terrain, car, d'une part, l'art. 599 n'est pas applicable aux édifices créés par l'usufruitier; et d'ailleurs, le mari n'est nullement un usufruitier. S'il perçoit les fruits des biens de sa femme, c'est dans l'intérêt de sa famille et non pour lui.

4° *Régime de la séparation de biens.* — Les principes de la gestion d'affaires doivent s'appliquer lorsque le mari élève des bâtiments sur le fonds de sa femme, car le mari, n'ayant ni la jouissance ni l'administration des biens de sa femme, doit être envisagé comme un étranger, comme un tiers qui, dépourvu de tout pouvoir, construit sur le fonds de son voisin au nom et pour le compte de ce voisin.

5° *Régime dotal. — Constructions établies sur le fonds dotal.*

Lorsque le mari a élevé des constructions sur un terrain dotal, quels droits vont résulter de cette construction?

D'abord les constructions seront dotales comme le fonds lui-même, sans qu'il y ait là rien de contraire au principe que « la dot ne peut être augmentée pendant le mariage. »

Quant à l'action des entrepreneurs qui ont exécuté les travaux de construction, et à celle du mari contre la femme, deux hypothèses nous paraissent devoir être distinguées.

1re *hypothèse.* Il y a eu mandat exprès ou tacite de la part de la femme.

Les entrepreneurs auront la faculté de poursuivre le mari sur tous ses biens, car ordinairement il se sera engagé principalement envers eux.

Ils pourront également poursuivre la femme sur tous ses biens paraphernaux.

Quant aux biens dotaux, ils seront soustraits à leur action, car les biens de cette nature ne peuvent être aliénés ni directement ni indirectement, ni par le mari ni par la femme; ils ne pourraient être aliénés que pour le paiement de réparations nécessaires à la conservation du fonds dotal ; or, dans notre hypothèse, il ne s'agit point de réparations nécessaires, mais d'améliorations, qui n'étaient nullement indispensables.

Ils ne constitueront point le gage des entrepreneurs, quand même la femme se serait engagée et les aurait hypothéqués, avec l'autorisation de son mari.

2e *hypothèse.* Il n'y a eu mandat ni exprès ni tacite de la part de la femme.

Il ne faut pas hésiter à dire que le mari, en faisant une construction nouvelle sur le terrain dotal de sa femme, a outrepassé ses pouvoirs, car, bien qu'il ait sur ces biens des pouvoirs bien plus larges que ceux qu'il a sous les autres régimes, quant aux biens propres de sa femme qu'il est chargé d'administrer, il n'a point pour ce qui est des actes de transformation des biens dotaux, en général, plus de pouvoirs que ceux d'un administrateur ordinaire du patrimoine d'autrui.

Il en résulte que la femme n'est point liée, même sur ses biens paraphernaux, par les actes et les marchés de son mari, quand il n'y a pas eu bonne gestion;

Elle peut, dans ce cas, faire enlever les constructions, si elles ne lui conviennent pas ;

Il est bien entendu qu'elle est aussi en droit de les garder.

Si elle les conserve, sera-t-elle tenue d'indemniser son mari ?

On pourrait prétendre que le mari, percevant les fruits des biens dotaux, est un usufruitier, et qu'en conséquence, aux termes de l'art. 599, il ne peut réclamer aucune indemnité pour les améliorations qu'il a créées en construisant sur le terrain dotal.

Nous repoussons cette opinion, pour plusieurs raisons.

D'abord, les constructions établies par l'usufruitier sont régies par l'art. 555, et non par l'art. 599, et donnent lieu à indemnité à son profit, comme nous l'avons suffisamment établi plus haut.

2° Le mari qui jouit des biens que sa femme lui a apportés en dot n'est point un usufruitier véritable, ayant un démembrement du droit de propriété. Ce n'est pas, en effet, dans son intérêt personnel et exclusif qu'il jouit des biens dotaux, mais dans l'intérêt de sa femme, de ses enfants, de la famille tout entière, au soutien de laquelle les revenus dotaux doivent être consacrés, tandis que l'usufruitier ordinaire perçoit les fruits pour lui exclusivement.

Le mari ne doit certainement pas être présumé avoir voulu faire une libéralité à sa femme en bâtissant sur son fonds.

3° Il n'a pas seulement le droit de percevoir les fruits des biens dotaux, mais il est encore chargé de la gestion de la dot de sa femme; il administre ses biens. Or, il est de principe qu'un administrateur a une action pour se faire indemniser des impenses utiles qu'il a faites dans l'intérêt de la personne dont il gère les biens.

Le mari est donc en droit de se faire indemniser par sa femme en raison des constructions qu'il a créées sur le bien dotal; mais quelle somme pourra-t-il réclamer ?

Sera-ce toutes les impenses qu'il a faites, ou seulement la mieux-value qui a été apportée au terrain par la construction ?

Nous pensons qu'il pourra réclamer toutes ses impenses, car la femme, en conservant les constructions qu'il a créées, ratifie ses actes. Or, le gérant d'affaires, dont les actes sont ratifiés, doit être rendu complétement indemne.

Quel sera le gage du mari ? Contre quels biens de la femme pourra-t-il poursuivre le remboursement de ce qui lui est dû ?

Incontestablement, les biens paraphernaux seront son gage ; il pourra poursuivre toutes les sommes que la femme lui doit sur tous ces biens.

Mais *quid juris* des biens dotaux ? Les auteurs sont divisés sur cette question, et trois systèmes sont soutenus.

1° Les partisans du premier système prétendent que le mari a non-seulement le droit de répéter ses impenses par voie de compensation sur les biens dotaux, mais qu'il a même, quant à ces biens, le droit de rétention.

Ce système doit être repoussé, comme étant manifestement contraire au texte et à l'esprit de la loi

En effet, la dot ne peut être aliénée ni directement ni indirectement, par voie d'engagement et de saisie : les biens dotaux ne peuvent être aliénés que pour des réparations nécessaires et non pour des constructions nouvelles.

Les partisans du deuxième système distinguent :

Le mari n'a pas le droit de retenir les biens dotaux jusqu'à ce qu'il ait été payé de ses impenses, mais il peut du moins répéter ses impenses par voie de compensation.

Enfin, d'après les défenseurs du troisième système, le mari n'a ni le droit de rétention, ni le droit de répéter ses déboursés par voie de compensation.

C'était la décision adoptée dans le dernier état du droit romain, dont les dispositions sur ce point paraissent avoir été suivies dans les pays de droit écrit. (Loi 1, Code, L. 5, t. 13, § 23.)

Elle nous semble devoir encore être suivie sous le Code, car, l'art. 1558, en permettant l'aliénation des biens dotaux, pour des réparations indispensables à leur conservation, défend implicitement l'engagement de la dot pour de simples améliorations.

Le mari sera donc tenu de restituer la dot tout entière, sans qu'elle soit un gage pour sa créance.

2° *Constructions établies sur les biens paraphernaux de la femme.*

Nous n'avons rien de particulier à dire dans cette hypothèse, car la condition des biens paraphernaux est la même que celle des biens propres de la femme sous le régime de la séparation de biens : il faut donner les mêmes solutions que celles que nous avons admises sous ce régime.

CHAPITRE X.

APPENDICE.

Section Première.

Des constructions élevées sur le domaine public en général, et spécialement de celles élevées sur les rivages de la mer.

1° *Constructions créées sur le domaine public en général.*

Les constructions élevées sur le domaine privé de l'État, des communes, du département, sont régies par les règles du droit commun ; nous n'avons, par conséquent, rien à en dire de spécial.

Il en est autrement des constructions établies sur le domaine public de la commune, du département ou de l'État, sur une place publique, par exemple, ou sur un terrain dépendant d'une place de guerre.

Lorsqu'un bâtiment aura été établi sur un terrain dépendant du domaine public, soit par tolérance, soit même en vertu d'une concession de l'administration, le constructeur ne pourra pas espérer devenir jamais propriétaire incommutable de la construction qu'il aura édifiée, en acquérant le sol par la voie de la prescription.

Le terrain sur lequel est assise la construction, étant inaliénable et imprescriptible, l'administration aura toujours le droit de l'obliger à enlever ce qu'il a édifié, sans préjudice des condamnations pénales qui pourront être prononcées contre lui.

Au contraire, celui qui a construit sur un terrain du domaine privé de la commune, de l'État ou du département pourra, du moins, espérer devenir propriétaire définitif de l'édifice qu'il a établi, en acquérant par usucapion la propriété du terrain sur lequel il repose.

Si l'administration a le droit de forcer le constructeur à démolir ce qu'il a édifié, il est incontestable que, si l'édifice lui convient, elle peut le conserver pour elle, comme tout propriétaire sur le fonds de qui un tiers a bâti.

Il est bien entendu que dans ce cas, en principe, elle sera tenue d'indemniser le constructeur, car il n'est pas plus permis à l'administration qu'à un simple particulier de s'enrichir aux dépens d'autrui.

Bien que les constructeurs qui ont établi un édifice sur une dépendance du domaine public ne puissent jamais s'en dire propriétaires incommutables, en résulte-t-il qu'ils n'aient aucun droit sur cette construction?

Il faudrait bien se garder de tirer cette conséquence. C'est ce que nous allons voir au sujet des constructions élevées sur les rivages de la mer.

2° *Constructions établies sur les rivages de la mer.*

En droit romain, les rivages de la mer sont des choses communes. Tout le monde peut en profiter. Il est loisible à chacun de s'y promener, d'y débarquer, d'y tenir des embarcations amarrées ; on peut même y construire des édifices.

Il importe toutefois de remarquer qu'on ne peut y créer des constructions nouvelles sans l'autorisation du préteur. Ce magistrat, chargé de veiller aux intérêts publics, et de protéger la propriété particulière, n'accorde cette autorisation qu'à la condition de ne pas nuire aux constructions qui pourraient déjà y être faites, et ne pas gêner l'intérêt général de la navigation.

Le pêcheur qui, par exemple, s'est établi un abri sur les bords de la mer devient propriétaire de la construction. Il devient même propriétaire de l'emplacement, sur lequel repose sa construction ; mais sa propriété est d'une nature toute fragile, car il cesse d'être propriétaire du sol dès que sa construction vient à être démolie même par accident.

De nos jours, les rivages de la mer font partie du domaine public, mais l'administration peut très-bien concéder encore le droit d'y faire des édifices. Elle peut permettre d'y fonder des établissements de bains ou de pêche, moyennant une certaine redevance. Elle peut même tolérer la création de pareils établissements.

De quelle nature sont ces établissements ?

Il faut reconnaître qu'ils sont essentiellement précaires :

1° Dans leur cause, car la concession accordée par le gouvernement n'est point incommutable, et, d'autre part, il peut faire disparaître, quand bon lui semblera, la construction qu'il a tolérée. Dans l'un et l'autre cas, quand l'intérêt public l'exige, il n'est jamais lié, et il peut toujours ordonner la destruction de pareils établissements.

2° Par leur nature. Placés sur les bords de la mer, ils sont exposés à être détruits par l'ouragan ou à être submergés par les flots.

3° En vertu du principe d'après lequel les rivages de la mer sont placés parmi les dépendances du domaine public, car le constructeur ne peut jamais espérer arriver par l'usucapion du sol à la propriété définitive des bâtiments qu'il a édifiés.

Dès lors, par suite de leur précarité et la nature de leur objet, un grand nombre d'auteurs leur ont refusé la qualité de propriété immobilière.

Quant à nous, nous estimons qu'ils constituent une sorte de propriété immobilière, un droit de superficie *sui generis*.

Nous ne pouvons mieux faire que de rapporter à l'appui de notre opinion la substance d'un arrêt rendu par la Cour de Caen, le 3 avril 1824 (Sirey, 25, 2. 173).

Considérant, dit cette Cour : « qu'il est vrai que les rivages de la mer font partie du domaine de l'État, et que nul ne peut s'en attribuer la jouissance exclusive d'aucune partie, qu'en vertu d'une concession expresse, ou au moins de tolérance du gouvernement; que l'intérêt public, d'accord avec l'intérêt particulier, rend utile et détermine ce genre de tolérance, sans lequel ne pourraient subsister beaucoup d'établissements dont le public profite, tels que les pêcheries et les salines, etc.;

» Qu'on ne peut raisonnablement contester que de

pareils établissements, lorsqu'ils sont formés, et lors même qu'ils n'ont que la tolérance du gouvernement, n'attribuent un droit particulier à celui qui les a formés;

» Que, s'il est vrai que le possesseur de ces objets ait un droit particulier, ce droit ne peut être que de la nature de l'objet auquel il s'applique, c'est-à-dire un droit immobilier;

» Que ni l'ordre public, ni les bonnes mœurs ne s'opposent à ce que ce droit entre dans le commerce; qu'à la vérité il n'est pas incommutable, puisqu'il peut cesser par la volonté du gouvernement, et pour cause d'un intérêt public supérieur à celui qui l'a fait tolérer; mais que l'incommutabilité d'un droit n'est pas une condition indispensable pour qu'il puisse entrer dans le commerce, puisqu'une propriété résoluble sous condition, et, en général, tous les droits aléatoires, peuvent être l'objet de contrats légitimes. »

De ce que cette concession est une propriété immobilière et superficiaire, il en résulte notamment :

1° Qu'elle est susceptible d'hypothèque, et peut être donnée en antichrèse;

2° Que la cession en devra être transcrite;

3° Qu'elle donnera lieu à la perception des droits d'enregistrement perçus en matière immobilière;

4° Qu'elle ne tombera point dans la communauté légale, et appartiendra aux légataires des immeubles;

Plus généralement, nous dirons qu'elle est soumise en principe aux mêmes règles que la propriété superficiaire ordinaire.

Les solutions que nous venons de donner à l'occasion des constructions bâties sur les bords de la mer, doivent être étendues, en principe, aux autres bâtiments élevés sur les dépendances du domaine public.

SECTION II.

Des constructions établies avec empiétement sur le terrain d'autrui.

Nous avons supposé jusqu'ici qu'une construction avait été élevée complétement sur le terrain d'autrui. Nous supposerons maintenant qu'une personne élève un bâtiment en partie sur son terrain et en partie sur le fonds d'autrui ; c'est là une question qui est de nature à se présenter fréquemment dans la pratique ; quelle solution faudra-t-il donner?

Selon M. Demolombe, il faut distinguer deux hypothèses.

Première hypothèse. Le constructeur est de mauvaise foi. Aux termes de l'art. 555 *in principio*, le propriétaire sur le terrain de qui s'avance la construction est en droit d'exiger la démolition de la partie du bâtiment qui est élevée sur son terrain. Cela a été jugé par diverses Cours, et, notamment, par la Cour de cassation, dans une hypothèse où l'empiétement commis par le constructeur n'était pourtant que de très-peu d'importance.

Mais si le propriétaire sur le terrain de qui le constructeur a avancé son bâtiment, est en droit de demander la démolition des travaux, il peut aussi garder pour lui cette partie de maison qui est bâtie sur son fonds. C'est ce qui résulte des art. 551, 552,

553. On ne saurait dire sans renverser de fond en comble toutes les règles du droit d'accession que le constructeur a acquis la portion du sol du voisin sur laquelle il a bâti.

Dans ce cas, s'il conserve cette partie de bâtiment qui avance sur son fonds, il sera tenu de payer au constructeur ce qu'elle a coûté.

2° *hypothèse.* Le constructeur est de bonne foi. D'après l'art. 555, *in fine*, le propriétaire du sol sur le fonds de qui il y a eu anticipation, ne pourra pas demander la destruction de la partie du bâtiment qui avance sur son terrain; il sera propriétaire de cette partie, à la charge de payer, soit la plus-value qui en est résultée pour son fonds, soit la valeur des matériaux et le prix de la main-d'œuvre.

Le propriétaire constructeur qui a la partie principale de la maison, ne pourra pas exiger que le propriétaire voisin lui cède la partie de cette même maison qui se trouve sur son sol, car ce serait là une sorte d'expropriation pour cause d'utilité privée, défendue par l'art. 545.

D'un autre côté, ajoute l'éminent doyen de la faculté de Caen, il semble qu'il n'y ait pas non plus de partage ni de licitation possible, parce que cette maison, après tout, n'est pas commune, et que, chacun est propriétaire de son côté *pro regione* de la partie de la maison construite sur son sol; mais, finalement, comme il n'y a qu'une seule et unique maison, et que ces deux parties de maison se trouvent, par la nécessité même de leur position, inséparablement liées l'une à l'autre, il appartiendra aux magistrats d'en ordonner la vente simultanée, lorsque les parties n'auront pas pu se concilier.

Malgré l'autorité qui s'attache à tout ce qui sort de la plume de M. Demolombe, nous croyons que la distinction qu'il propose doit être rejetée.

Nous ferons remarquer d'abord que l'expédient, qu'il admet, lorsqu'il y a défaut d'entente entre les parties, est peu pratique, et qu'il donne lieu à des difficultés nombreuses.

De plus, il est contraire aux principes du droit. Il est de règle, en effet, qu'il ne peut être question de licitation que lorsqu'il y a indivision entre les parties; or, dans notre espèce, il n'y a pas d'indivision.

Nous pensons en outre que celui qui, en l'absence de limites certaines et bien déterminées, étend ses constructions sur un terrain, dont la propriété est reconnue plus tard appartenir à son voisin, commet au moins une grave imprudence; son erreur est inexcusable; il ne peut être de bonne foi. Il devait, avant de construire, faire procéder à la délimitation de sa propriété; il avait pour cela l'action en bornage. Son imprudence ne doit point rejaillir sur son voisin : d'où pour ce voisin qui souffre de l'empiétement le droit de l'obliger à enlever ses travaux.

Cette solution doit être donnée évidemment quand le propriétaire, sur le terrain duquel l'empiétement a eu lieu, s'est opposé à la construction. Il faut même dire qu'elle devra être donnée quand la construction aura eu lieu à son vu et su; le silence de ce dernier à cet égard n'empêche pas qu'il n'y ait eu imprudence grave de la part du constructeur, imprudence dont les conséquences doivent retomber sur lui.

Si le droit de destruction doit être accordé au propriétaire sur le terrain de qui une usurpation a été commise, lorsque la construction a été établie en partie sur le terrain appartenant à un simple particulier, ou au domaine privé de l'État, de la commune ou du département, il devra être accordé, à plus forte raison, contre le constructeur, lorsque ce dernier a empiété sur un terrain dépendant du domaine public, sur un chemin par exemple ou une place publique.

Et il importerait peu qu'il ait construit après avoir obtenu l'alignement, car la déclaration d'alignement n'est point translative de propriété; elle ne tranche point la question de propriété, qui reste intacte.

D'ailleurs, cette déclaration ne fait point disparaître l'imprudence du constructeur, qui devait s'assurer, avant de bâtir, qu'il n'anticipait point sur la voie publique.

Il importe de remarquer que l'administration aura toujours la faculté de demander la suppression des travaux, car le constructeur ne peut, quelque temps que dure son édifice, acquérir par prescription la portion de terrain dépendant du domaine public qu'il a usurpée, car ce terrain est inaliénable et imprescriptible.

POSITIONS.

DROIT ROMAIN.

I. Le possesseur de bonne foi qui a construit n'a pas, d'après l'opinion presque unanime des jurisconsultes romains, l'action contraire de gestion d'affaires, pour se faire indemniser de ses impenses.

II. Il ne jouit pas de la *condictio indebiti* pour se faire remettre en possession du terrain sur lequel il a bâti, lorsqu'il a restitué le fonds à son légitime propriétaire sans se faire indemniser.

III. Il est tenu de faire insérer l'exception de dol dans la formule pour se faire rembourser ses frais de construction quand il est actionné en revendication.

IV. L'accession n'est pas une manière d'acquérir,

V. A l'époque classique, le possesseur de bonne foi fait siens tous les fruits, sans distinction entre les fruits *existants* et les fruits *consommés*.

VI. Le possesseur de mauvaise foi, qui a élevé une construction, n'a pas l'exception de dol pour se faire rembourser ses impenses, lorsqu'il est actionné par la revendication.

VII. L'exception de dol peut avoir pour effet de diminuer la condamnation du défendeur.

VIII. Le dernier alinéa de la loi 37 D. *d. r. v.*, L. 6 T. 1, nous semble avoir été interpolé par Tribonien.

POSITIONS DE DROIT FRANÇAIS.

DROIT CIVIL.

I. La créance qui correspond à l'obligation de construire une maison est purement mobilière.

II. L'art. 599 n'est pas applicable aux constructions élevées par l'usufruitier.

III. Sous le régime dotal, le mari n'est pas propriétaire des biens dotaux.

IV. Les constructions établies sur les lais et relais de la mer ne doivent point être assimilées aux constructions élevées sur les rivages de la mer.

V. L'emphytéose n'existe plus dans notre droit actuel.

VI. Le locataire qui a construit sur le terrain loué n'a point, abstraction faite de la renonciation du propriétaire du sol au bénéfice de l'accession, un droit de propriété sur l'édifice qu'il a élevé.

VII. Les constructions élevées par le locataire sont régies par l'art. 555.

VIII. Le locataire qui a élevé une construction sur

le terrain d'autrui ne peut, en principe, intenter la complainte à l'occasion de cette construction.

IX. Le *negotiorum gestor* a droit à l'intérêt de ses avances, du jour où il les a faites.

X. Lorsque le mari a établi une construction sur le terrain de sa femme, avec l'argent pris dans la communauté, récompense n'est due par la femme que jusqu'à concurrence de ce dont son fonds se trouve amélioré, même quand elle a consenti à l'exécution des travaux.

La même solution doit être donnée quand le mari a créé un édifice sur son terrain propre avec des deniers puisés dans la communauté.

DROIT ADMINISTRATIF.

I. Le lit des rivières, qui ne sont ni navigables ni flottables, appartient aux propriétaires riverains.

II. Les ministres sont juges de droit commun en matière contentieuse.

PROCÉDURE CIVILE.

I. Le tribunal a qualité pour appliquer d'office la nullité de l'art. 48.

II. On peut se faire représenter par un huissier au bureau de conciliation.

DROIT COMMERCIAL.

I. Le consentement du mari ne peut être suppléé

par l'autorisation de la justice pour habiliter la femme à faire le commerce.

II. Le privilége du voiturier est éteint lorsqu'il s'est dessaisi des objets voiturés.

DROIT PÉNAL ET INSTRUCTION CRIMINELLE.

I. L'aggravation de peine qui résulte de la qualité de l'un des complices ne doit pas s'étendre sur tous.

II. La durée de la détention dans une maison de correction du mineur de 16 ans, qui est déclaré avoir agi sans discernement, peut être prononcée pour moins d'une année.

DROIT DES GENS.

I. Le traité de paix qui vient d'être conclu avec la Prusse n'engage pas les populations cédées.

II. Les tribunaux français ont qualité pour allouer une provision à la femme étrangère, demanderesse en séparation de corps.

DROIT FÉODAL ET COUTUMIER-HISTOIRE DU DROIT.

I. La noblesse tire son origine des institutions féodales.

II. La femme étrangère pouvait prétendre à un douaire coutumier, sur les biens de son mari situés dans le royaume.

Vu par le président de la thèse,
J. E. LABBÉ.

Vu :
G. COLMET-DAAGE.

Vu :
Le vice-recteur de l'Académie de Paris,
A. MOURIER.

Paris. — Imprimerie de E. Donnaud, rue Cassette, 9.

www.ingramcontent.com/pod-product-compliance
Ingram Content Group UK Ltd.
Pitfield, Milton Keynes, MK11 3LW, UK
UKHW020313230726
13925UKWH00002B/391

9 782013 560559